WALLFAHRTSLAND FRANKEN

KARL KOLB

WALLFAHRTSLAND FRANKEN

echter

Fotonachweis:
H. Heer S. 25; L. Aufsberg S. 89; Germanisches Nationalmuseum, Nürnberg, S. 117 und 129;
Bauer/Bavaria, München, S. 147; R. Sattelmair S. 153; alle übrigen Bilder stammen vom Autor.

© 1979 Edition Kolb
im Echter Verlag Würzburg
Gesamtherstellung: Fränkische Gesellschaftsdruckerei Würzburg
ISBN 3 921 056 21 7

Wallfahrtsland Franken

Franken ist ein barockes und somit ein verhältnismäßig junges Wallfahrtsland. Das schließt nicht aus, daß es hier eine stattliche Reihe älterer Wallfahrtsorte gibt, die, selbst wenn inzwischen mehr oder weniger vergessen, im Barock eine neue Blüte erlebt haben. Dabei drängt sich in Franken zweierlei auf: einmal die Fülle der Wallfahrten selbst, beziehungsweise die Gnadenorte, und dann alles, was in diesen Gnadenorten seinen Ursprung hat und uns heute auf Schritt und Tritt in ganz Franken begegnet.

Damit ist das Thema dieses Buches bereits umrissen. Feine Unterschiede wie etwa zwischen *Wallfahrern* und *Pilgern* sind in diesem Zusammenhang nebensächlich, ebenso die Frage, ob ein Wallfahrtsort Ziel von Prozessionen ist oder vornehmlich von Einzelpilgern aufgesucht wird. Damit soll keineswegs an der Bedeutung solcher Unterscheidungen gerüttelt werden. Diese Begriffsbestimmungen sind sicher nützlich, aber für unsere Betrachtungsweise unerheblich. Hier soll gezeigt werden, welche Kräfte das Wallfahrtswesen in Franken ausgelöst und wie es diese Landschaft geformt hat.

Gewandelte Wallfahrtsbräuche

Die Änderung des gesamten Wallfahrtswesens muß dabei stets im Auge behalten werden. Der Pilger, der nach Santiago de Compostela zog, ließ sich auf ein langes Abenteuer ein. Es waren nicht die Dauer und der lange und beschwerliche Weg allein. Das Wetter, schlechte Herbergen und schließlich die Sarazenen machten jede Wallfahrt zu einem Wagnis. Die Erinnerung an diese von allen Seiten drohenden Gefahren ließen den Begriff des Pilgers (im Gegensatz zum Wallfahrer) entstehen als eines Menschen, der nicht unbedingt seine Heimat wiedersieht, sondern direkt in die himmlische Heimat pilgert. Wer heute nach Lourdes fährt – ein nur wenig kürzerer Weg –, bucht und zahlt und hat nicht viel zu befürchten.

Eisenbahn und Omnibus haben die Wallfahrt grundlegend verändert, und es wäre sinnlos, sich dieser Einsicht zu verschließen. Es wäre auch ungerecht, wollte man die neue mit der alten Form vergleichen oder gar werten. Der mittelalterliche Pilger wurde wohl durch die Beschwernisse mindestens so abgelenkt wie der Busreisende heute durch touristische Attraktionen. Würde man sich an alte Vorstellungen klammern, müßte man überall das Wallfahren für nahezu erloschen halten, und doch ist genau das Gegenteil der Fall, nur die Formen haben sich geändert. Gerade Franken zeigt, wie sehr sich Altes mit Neuem verbinden kann. Da marschiert die kleine Gemeinde Grießstetten, selbst ein alter Wallfahrtsort, zu Fuß mit einer schweren Kerze hinüber nach Breitenbrunn, um sie in der dortigen Bergkirche, einem Versprechen getreu, Sankt Salvator zu Ehren aufzustellen. Da veranstalten die Pfarreien Gangolf und Heilig Grab in Bamberg gemeinsam eine Wallfahrt nach Maria Glosberg. Omnibusse bringen die Pfarrangehörigen nach Friesen, und von dort geht es über einen Flurweg nach Glosberg. Die »Fußkranken« können dabei wie eh und je mit dem Wagen bis zur Kirche fahren. Im Katholischen Vereinshaus in Kronach findet dann die Nachmittagsveranstaltung statt. Ein Ausflug mit Gottesdienst? Wer wollte das beurteilen? Wissen wir, wieweit nicht auch früher schon die Wallfahrt zu einem gut Teil Touristik war?

Kein Geringerer als Kardinal Faulhaber hat 1901 über die Kreuzberg-Wallfahrt gedichtet:

»Den Kreuzberg herauf kam ein endloser Zug,
die einen zur Kirche, die andern zum Krug.«

Nur die Gesinnung jedes einzelnen wird entscheiden, ob es für ihn eine Wallfahrt war.

Die Diözese Würzburg hatte die Frauen aufgerufen, gemeinsam zum Heiligen Blut zu wallen. 50 Omnibusse brachten 2000 Frauen nach Walldürn.

Jede solche modern organisierte Wallfahrt steht unter einem bestimmten Motto. Die Bamberger wählten zum Thema ihrer Fahrt »Sinnvolles Leben«, die Würzburger wünschten die »Erneuerung des Glaubens im täglichen Leben und der innigeren Liebe zu Gott«. Das Erzbistum Freiburg hatte in seinem Jubiläumsjahr (1977) die Wallfahrten nach Walldürn unter das Motto »... damit sie auch morgen glauben können« gestellt.

Aber weder mit einer besonderen Motivierung noch mit den Begriffen »Wallfahrt« oder »Pilger« kann alles erfaßt werden. Selbst der Ausdruck »Gnadenstätte« oder die Unterscheidung zwischen Primär- und Sekundär-Wallfahrt, die gern gebraucht wird, sind unwesentlich. Es gilt deutlich zu machen, daß Franken nicht nur einige große und zahllose kleine Gnadenstätten besitzt, sondern daß selbst das äußere Gesicht Frankens durch die Verehrung von Gnadenstätten geprägt wurde.

Dort, wo Franken im Nordosten und im Südwesten endet, liegen seine beiden größten Wallfahrtsorte: Vierzehnheiligen und Walldürn, und zu beiden ziehen quer durch Franken die Wallfahrtswege, markiert von Kapellen, Bildstöcken und Stationen. Wie ein alter Weg von Fulda nach Walldürn führt, so kommt auch einer von Bamberg, und kurz vor Walldürn stehen die letzten Bildstöcke, die den Weg nach Vierzehnheiligen bezeichnen. Zwischen den beiden großen Polen liegen die vielen anderen – wie Perlen über ganz Franken verstreut. Wollte man sie alle aufzählen, liefe man Gefahr, einen wichtigen zugunsten eines weniger wichtigen zu übersehen. Vor solchem Problem steht der Autor dieses Buches ununterbrochen. Was aus örtlicher Sicht unumgänglich ist, kann am anderen Ende Frankens vielleicht als kaum erwähnenswert erscheinen.

Schicksale der Wallfahrtsstätten

Blüte und Niedergang der Wallfahrten, ihre heutige Stellung kann man aus recht verschiedenen Gesichtswinkeln beurteilen. Je nachdem, ob man nur die Gesamtbesucherzahlen gelten läßt oder ob man die persönliche Bedeutung für den einzelnen oder für bestimmte Gruppen im Auge hat.

Walldürn wurde die Wallfahrt der Heimatvertriebenen für das Erzbistum Freiburg, wie es Retzbach für das Bistum Würzburg wurde. Laudenbach ist heute die Wallfahrts- und Besinnungsstätte der Bad Mergentheimer Kurgäste. In der Reformation war diese Wallfahrt völlig erloschen. Von Julius Echter wurde sie neu belebt. Dettelbach hat er zum Diözesanwallfahrtsort erhoben.

Ein Blick in die Geschichte zeigt, daß weder Förderung noch Verbot, weder Spott noch Totschweigen eine Wallfahrt auf die Dauer beeinträchtigen konnte. Immer schon hat man den Wallern vorgeworfen, sie wollten mit Gott oder den Heiligen Geschäfte machen, weil sie nur um eines eigenen Vorteils willen sich auf den Weg machten. Sie hofften, daß ihre Bitte erhört, sie von Krankheit geheilt, mit Kindern gesegnet, aus einer schwierigen Lage errettet würden.

Auch das darf man heute unberücksichtigt lassen, zumindest soweit es den Besuch der »eigenen« Wallfahrtsorte in Franken betrifft. Dort erwartet man keine spektakulären Wunder. Wenn sich der Beter hier auf sich selbst besinnen konnte, ist das Wunder genug. Wallfahrtsorte können auch für den zu Stätten der Besinnung und Einkehr werden, der sich nur aus Neugierde oder als Tourist auf den Weg gemacht hat. Da gilt der bekannte Satz Don Boscos: »Irgendwo am Wege wartet Gott.« Nichts spricht dagegen, ihm auf dem Wallfahrtsweg leichter zu begegnen.

Alte Formen

1785 erschien ein Gebetbuch für Wallfahrer, nun »zum siebenten Mal in besserer Ordnung in Druck gegeben ...«. In der Einleitung wird darauf hingewiesen, daß schon Theodorus I., der Grieche, »von dem großen Zulauf und Wallfahrten« gesprochen hat »zu den Kirchen und Gotteshäusern, die zu seiner Zeit Gott und seinen Martyrern zu Ehren erbaut gewesen sind«. Theodorus führt dann auf, aus welchem Grund die Wallfahrer diesen »ganzen oftmals beschwerlichen Weg« auf sich genommen haben: wegen einer Krankheit, um Kinder zu bekommen, um gesund zu werden, um die Kinder auf dem rechten Weg zu halten. Die Martyrer waren dabei Wegweiser und Begleiter. Die dann »nach einer solchen Wallfahrt wieder glücklich nach Hause gekommen sind, haben Gott für die empfangene Wohltat gedankt«. Damals war schon üblich, silberne Augen, Füße und Hände aufzuhängen »zum dankbaren Gedächtnis des gottseligen Anrufer und Wallfahrer ihre Bitt erhört bekommen haben«. Manche »Mirakelkammer« in Franken ist auch heute noch Beweis dafür.

Die Wallfahrtsmotive sind zu allen Zeiten und Jahrhunderten die gleichen gewesen, wobei nicht vergessen werden sollte, daß die Wallfahrt durchaus auch als religiöse Übung oder auferlegte Buße gelten muß und keineswegs immer und überall Wunder erwartet werden.

Gebete, Gesänge und Bußübungen

Es gibt auch heute noch vielfältige Formen, die Gesinnung auszudrücken. Sie sind so vielfältig wie die Charaktere der Menschen. Den einen entspricht die stille Besinnung, andere ziehen das gemeinsame Gebet oder den Gesang vor, wieder andere bedürfen einer besonderen Ansprache, Opfergaben, öffentlicher Bußübungen, indem sie ein Kreuz tragen oder sich auf den Knien rutschend dem Wallfahrtsziel nähern. Manche vermögen ihren Alltag erst dann ganz auszuschließen, wenn sie teilhaben können an nächtlichen Lichterprozessionen, an gemeinsamem Gesang, Mitternachtsgottesdiensten oder einer Messe unter freiem Himmel.

Zweifellos kommt bei jeder Wallfahrt dem gemeinsamen Gebet eine besondere Bedeutung zu. Es erfüllt den Wunsch, ungestört fromm zu sein in Gemeinschaft Gleichgesinnter, nach der Verheißung Christi: »Wo zwei oder drei in meinem Namen versammelt sind, da bin ich mitten unter ihnen« (Mt 18, 20).

Alte Wachsopfer, wie man sie noch an vielen fränkischen Wallfahrtsorten in den Mirakelkammern findet.

7

Das wandernde Gnadenbild

Die Volkskunde, die die Ursprungslegenden der Wallfahrten untersucht, kennt eine Art wanderndes Gnadenbild: Ein Bild kehrt hartnäckig so lange auf einen bestimmten Platz zurück, bis man sich dazu entschließt, ihm an dieser selbstgewählten Stelle eine Kapelle zu errichten.

Nicht von solchen Legenden – die es in Franken natürlich auch gibt – soll hier die Rede sein. In Franken hat sich das Gegenteil entwickelt. Das Gnadenbild kehrt nicht an seinen Ort zurück, es strahlt aus. Kopien der unterschiedlichsten Art entstehen, und das keineswegs nur in unmittelbarer Nachbarschaft seines Standorts. Wie Künstler diese Form der Verbreitung sehen, zeigt ein Beispiel:

Von 1900 bis über 1925 hinaus hat sich Matthäus Schiestl immer wieder mit dem Thema »Das wandernde Gnadenbild« beschäftigt. Er hat nicht nur Skizzen, sondern auch wenigstens drei Bilder gemalt, die die Gottesmutter zeigen, wie sie mit ihrem Kind ihren angestammten Platz auf dem Altar der Kirche verläßt und in die fränkische Landschaft hinaustritt.

Sein Bruder Rudolf wurde dann mit seinem »Wandernden Gnadenbild« noch deutlicher: Eine gekrönte Gottesmutter, ihr gekröntes Kind am Arm, schreitet durch den Schnee der fränkischen Landschaft. Jeder ihrer Schritte hinterläßt als Spur einen Büschel blühender Blumen. Nun mag man zur Romantik der beiden Schiestl stehen, wie man will, aber gewiß hätten sie in kaum einer anderen Landschaft dieses Thema entwickeln können. Ja, es erscheint geradezu symbolisch.

Jedes Gnadenbild hat in Franken von seinem angestammten Platz aus das Land durchwandert und überall seine Spuren hinterlassen. So erst entstand das Wallfahrtsland Franken, wie wir es heute kennen. Ja, die Gnadenbilder haben das Gesicht dieser Landschaft ohne Zweifel geprägt. Das verehrte Gnadenbild erscheint in der heimischen Pfarrkirche genauso wie an der Hauswand, Kapellen werden ihm errichtet und Bildstöcke. Eigene kleine Wallfahrten entstehen rund um ein größeres Zentrum. Wallfahrtswege ziehen kreuz und quer durch Franken, markiert durch Heiligenhäuschen, Bildstöcke und geschmückte Gebetswinkel in den Kirchen am Wege. In Franken sind, wie in Belgien und Frankreich, die meisten Wallfahrtsorte Maria geweiht, von den vier größten fränkischen Wallfahrten aber nur eine – im Gegensatz zu den beiden obengenannten Ländern. In Vierzehnheiligen werden die Vierzehn Nothelfer, in Walldürn das Heilige Blut, auf dem Kreuzberg das Heilige Kreuz verehrt, und nur Gößweinstein ist der Krönung Mariens gewidmet.

Der Besuch von Gnadenstätten entspringt dem Bedürfnis, vor einem verehrten Bild oder einer Reliquie gemeinsam mit anderen zu beten. Zugleich trägt man seine eigenen Sorgen dorthin, weil man weiß oder gehört hat, daß diese Stätte besonderer Gnaden gewürdigt wurde. Bitte und Dank werden hier ausgesprochen, aber genauso auch Gottes Lob gesungen. Das alles ist von dem Gefühl durchdrungen, Christus, Maria oder den Heiligen hier näher zu sein und so leichter mit ihnen reden zu können.

Es ist nicht nötig, all das, was schon über die Wallfahrt gesagt worden ist, hier nochmals zu wiederholen. Wesentlich ist, daß in Franken die überall gültigen Motive zu Weiterungen geführt haben, die nahezu einmalig sind.

Man pflegte vertrauten Umgang mit der Gottesmutter und den Heiligen, man wollte ihnen nahe sein und bemühte sich, sie auch in Haus und Flur gegenwärtig zu haben. Das hat aber nichts mit der weltweiten Verbreitung bestimmter berühmter Gnadenbilder zu tun. Rudolf Graber hat schon 1954 das Wort von der Peregrinatio Mariae, der sogenannten Pilgermadonna von

Rudolf Schiestl: Das wandernde Gnadenbild

Fatima, geprägt. Er versteht darunter »eine gewisse Umkehrung des marianischen Wallfahrtswesens. Während die Menschen zum Gnadenbild pilgern, ist es hier die Madonna selbst, die zu den Menschen kommt.« Das gleiche läßt sich von der Lourdes-Muttergottes sagen, die überall verbreitet ist. Das trifft auch für eine ganze Reihe anderer seit langem verehrter Muttergottesbilder zu, wie die Jesuiten-Madonna, das Mariahilf-Bild, die Karmeliten-Madonna, die Mutter vom Guten Rat der Augustiner usw.

All das findet man in Franken selbstverständlich auch, und zwar sehr deutlich und ausgeprägt, wie verschiedene Beispiele zeigen werden. Aber das ist es nicht allein. Es kommt Wesentliches hinzu.

Vielleicht gelingt es, dies an einem Beispiel aus einem ganz anderen Bereich deutlich zu machen. Einen bekannten Brauch der orthodoxen Gläubigen hat ein emigrierter russischer Wissenschaftler vor Jahren anläßlich eines Vortrages in Lausanne mit schlichten Worten und einer Geste deutlich gemacht. Er sprach über die Ikonenbedeutung und -verehrung in Rußland. Er wollte den Unterschied zeigen, um den sich schon Johannes von Damaskus im Bilderstreit bemühte: die abweichende römische und byzantinische Auffassung von der Bedeutung des Bildes. Während die römische Kirche darin ein Abbild des Heiligen sieht, wird nach orthodoxer Meinung der Heilige durch das Bild gegenwärtig – »er scheint durch das Bild hindurch«. Das sei der Grund, sagte der russische Professor, warum der gläubige Russe in jedem Raum, in dem er lebt, arbeitet oder schläft, eine Ikone aufstellt. Gott und die Heiligen seien ihm so stets gegenwärtig. Bei diesen Worten zog er eine kleine dreiteilige Reise-Ikone aus der Tasche, stellte sie vor sich auf das Pult und ließ sie während seines Vortrags dort stehen.

Obwohl der Franke keineswegs diese östliche Bildvorstellung besitzt, möchte er dennoch seine Heiligen um sich haben. Wenn es heißt, Franken sei von der Madonna oder von den Bildstöcken geprägt, so hat man von diesem Phänomen nur den Teil entdeckt, der am deutlichsten hervortritt.

Wenn man die Gnadenstätten Frankens unter diesem Blickwinkel näher betrachtet, stellt man fest, daß es nicht nur eine Kreuzbergwallfahrt gibt, sondern daß in einer ganzen Reihe von Pfarrkirchen und an Haltepunkten der Prozessionen Hochkreuze stehen, die eindeutig nicht nur den Weg markieren, sondern oft zugleich die tägliche, örtliche Erinnerung an diese Gnadenstätte wachhalten. Daraus entstanden da und dort sogar wieder eigene kleine Wallfahrten. Mit Krönung Mariens-, Vierzehnheiligen-, Walldürner Blutbild-Darstellungen ist Franken übersät. Sie markieren nicht nur die Wallfahrtswege. So stehen in der Walldürner Gegend noch Bildstöcke, die auf Gößweinstein hinweisen. Manchmal ist es auch eine Dreifaltigkeit, meist aber die Krönung Mariens durch die Dreifaltigkeit, aber die Inschriften beweisen, daß Gößweinstein gemeint ist.

Man muß nicht alle Bildstöcke mit einer Krönung auf Gößweinstein beziehen. Selbst wenn nur ein Bruchteil mit dieser Wallfahrt in Zusammenhang zu bringen wäre, blieben noch genug; denn heute noch stehen etwa 250 solche Bildstöcke in Franken.

Das Vierzehn-Nothelfer-Heiligenhäuschen steht in Hochhausen ebenso wie ihnen geweihte Bildstöcke in der Rhön. Oberhalb von Hochhausen befindet sich auch ein Bildstock, der im letzten Jahrhundert errichtet wurde und der zum Ausdruck bringt, daß man der Wallfahrt nach Gößweinstein gedenkt.

Die Mariahilf-Bilder Frankens können kaum gezählt werden. Einige haben erwiesenermaßen in Mariahilf zu Passau ihren Ursprung, viele aber beziehen sich deutlich auf den Mariahilf-Berg in Amberg, denn rund um Amberg sind Mariahilf-Wallfahrten entstanden. Die Mariahilf-Bilder im Eichstätter Raum dürften sich entweder auf Schwandorf oder auf Passau beziehen.

Wer wollte all die Pieta-Wallfahrten zählen und erst recht die Bilder oder besser die Plastiken, die sie nach sich zogen?

Neben den Bildstöcken, die an eine Wallfahrt erinnern, gibt es eine ganze Reihe von Wallfahrten, die ihre Entstehung Bildstöcken verdanken. Solche Wallfahrten sind z.B.: Batzhausen, Dettelbach, Eckartshausen, Freystadt, Hammelburg (Maria Steintal), Oberbuchfeld, Parsberg (Dreifaltigkeit am Eichelberg), Röllbach, Würzburg (Käppele).

Aber nicht nur die fränkischen Wallfahrtsbilder fanden sich in Bildstöcken, Hausfiguren, Kirchenbildern oder anderen Darstellungen wieder. Da taucht die Lauretana und die Salus populi Romani als Maria Schnee überall dort auf, wo einstmals Jesuiten residierten, wobei interessant ist, daß die Gottesmutter zusammen mit ihrem Festkleid erscheint wie in Effeldorf und sogar zusammen mit ihrem Festgewand in Stein kopiert wird, wie sie an einer Hauswand in Würzburg (Blasiusgasse) zu sehen ist oder auf der Brücke in Oberstreu steht. Die Altöttinger Muttergottes wurde früher fast stets mit ihrem Festkleid kopiert, heute aber immer öfter ohne Ornat wie am Würzburger Käppele, in Hochhausen, in Löffelstelzen, um nur einige zu nennen. Maria Taferl in Niederösterreich meint ein Bildstock in der Rhön, die Einsiedeliensis findet man nicht nur wiederholt im Taubertal, in der Schloßkapelle Gereuth gibt es sogar ein gemaltes Bild von ihr. An den Sonntagsberg mit der als Gnadenbild seltenen Darstellung des Gnadenstuhls mahnt ein Bildstock in der Rhön. Die Immerhilf hier mit aufzuzählen erübrigt sich, denn sie findet, ebenso wie die Lourdes-Madonna, auch anderswo ein heimi-sches Plätzchen in oder (wie oft die Lourdes-Muttergottes) vor der Kirche oder am Friedhof.

Wenn also von den fränkischen Gnadenstätten berichtet wird, dann wird auch an vielen Beispielen deutlich werden, wie sehr die Franken mit ihren Heiligen auf du und du stehen. Wenn von Beispielen die Rede ist, dann ist damit bewußt die notwendige Beschränkung aufgezeigt. Wer würde sich erkühnen, alles erfassen zu wollen, was dazugehört?

Das erstaunlichste an diesem fränkischen Phänomen, das wir mit den Schiestlbrüdern das wandernde Gnadenbild nennen wollen, ist wohl die Tatsache, daß sich die Franken selbst dessen kaum bewußt sind.

Das Gnadenbild »Göttliche Hilfe« in St. Gangolf in Bamberg.

Voraussetzungen für eine Wallfahrt

Die Voraussetzungen für das Entstehen einer Wallfahrt haben sich im Laufe der Jahrhunderte gewandelt. Notwendig waren zunächst eine oder mehrere Reliquien. Sie spielen bis zum Ende des Mittelalters eine entscheidende Rolle. Hinzu kam der Ablaß, auch das lesen wir in allen alten Berichten über eine Wallfahrt. Meist haben sich der Ortspfarrer oder die betreuenden Mönche in Rom darum bemüht. Die dritte Voraussetzung war die geistliche Betreuung, selten durch den Ortspfarrer, viel häufiger durch einen Orden. In Franken begegnen uns immer wieder Berichte, nach denen die Augustiner, die Franziskaner, die Kapuziner und da und dort die Jesuiten oder die Zisterzienser die Wallfahrtsseelsorge übernommen haben. Meist fällt mit dieser Übernahme durch den einen oder anderen Orden der Beginn einer neuen Blütezeit der Wallfahrt zusammen.

Während die ersten beiden Voraussetzungen bedeutungslos geworden sind, ist die Seelsorge auch heute eine wesentliche Hilfe. Die Reliquien wurden durch Bilder oder noch öfter durch Statuen ersetzt, dabei sehen wir, daß zu Beginn dieses Prozesses auch eine Figur der Reliquienträger sein konnte, wie etwa die Pieta in Volkach. Der Ablaß dagegen wurde erst in unserem Jahrhundert, noch richtiger in unseren Tagen, bedeutungslos.

Ganz bewußt wurde die Nachricht von Heilungen und Wundern nicht unter die Voraussetzungen gezählt, obwohl in jedem Wallfahrtsort die Mirakelbilder, die Votivgegenstände, die kleinen Danktäfelchen deutlich genug davon sprechen. Die Ursprungslegenden sind fast ausnahmslos oft viele Jahrhunderte später entstanden. Das dort meist geschilderte Wunder dürfte aber selten der tatsächliche Anlaß gewesen sein. Wenn man z.B. die merkwürdige Entstehungsgeschichte von Freystadt oder selbst die des Käppele in Würzburg nimmt, findet man zunächst nur eine schlichte Verehrungsstätte (die sogar wie in Freystadt das Bild erst danach erhielt). Spätere Wallfahrtsbelebungen allerdings standen manchmal in engem Zusammenhang mit dem sich rasch verbreitenden Bericht über ein Erhörungswunder.

Die Mirakel der Entstehungslegenden sind anderer Art. Sie legen den Platz fest, oder ein wiederkehrender Traum fordert die Errichtung einer Gebetsstätte.

Eine andere Art der Entstehung wird durch Baum- bzw. Fundwunder bestimmt, wie in Franken eine ganze Reihe von Wallfahrtsorten beweist (ein Bild wird *auf* oder sogar *in* einem Baum gefunden und ist meist auch hartnäckig an diesen Platz gebunden). Der Baum erscheint schon bei Bonifatius. Er hat die Donareiche gefällt. Das Motiv selbst als Lebenssymbol ist aber viel älter. Der Lebensbaum und der Baum der Erkenntnis im Paradies spielten im ganzen Mittelalter eine große Rolle (das Kreuz Christi als Lebensbaum).

In diese Reihe gehören auch die Baummadonnen und die Funde durch Baumfrevel (in dem durch eine Axt gespaltenen Baum erscheint das wundertätige Bild), wie in Franken in Glosberg, Lam (Baumfrevel), Maria Ehrenberg, Maria Buchen (Baumfrevel), Schneeberg (Holderstock).

Selbst dort, wo es sich um Erscheinungswunder handelt, wie in La Salette, Lourdes oder Fatima, haben sie nichts mit einer Erhörung oder Heilung zu tun. Zunächst war das Vertrauen da, das Gefühl bei der Reliquie, dem Heiligen, der Gottesmutter oder Christus näher zu sein, mit ihnen reden zu können. Selbst dort, wo eine Verehrungsstätte in Erfüllung eines Gelübdes entstand, wie öfter auch in Franken, ging diesem Ereignis das Vertrauen – wie oben dargelegt – voraus.

Äußere Einflüsse

Für das Erlöschen oder Aufblühen einer Wallfahrt waren oft auch äußere, geschichtliche Ereignisse bestimmend. Solche Ereignisse, die uns in den Wallfahrtsgeschichten begegnen, sind zunächst die Hussiteneinfälle, die Wallfahrten förderten, schädlich war dann der Bauernkrieg und anschließend die Reformation. Sie bedeutete für manchen Wallfahrtsort das gewaltsame Ende. Der Dreißigjährige Krieg mit seinen Schrecken und das dankbare Aufatmen der Überlebenden brachten ebenso viele neue Impulse wie die Gegenreformation und deren meist bewußte, intensive Förderung durch den Bischof oder einen Orden. Es folgte die Zeit der Aufklärung, in welcher selbst einzelne Bischöfe oder Fürstäbte (Fulda) die Wallfahrten verboten. Einen tiefen äußeren Einschnitt verursachte die Säkularisation, weil sie oft den materiellen Bestand in Frage stellte und die Orden zunächst keinerlei Einfluß mehr hatten. Die Folgen der Säkularisation und der Wallfahrtsverbote wirkten sich bis in die vierziger und fünfziger Jahre des letzten Jahrhunderts aus.

Die zweite Hälfte des 19. Jahrhunderts war dann von den Großwallfahrten, z. B. nach Lourdes, bestimmt. Seit dem Mittelalter mit den Jakobswallfahrten, den Rompilgern und noch früher den Kreuzzügen gab es keine – wie man heute sagt – Fernwallfahrten mehr. Nicht daß sie jemals ganz verschwunden waren, sie verloren nur an Bedeutung. Schon während der Kreuzzüge begann man, sich das »Heilige Land nach Hause zu holen«. Da entstanden die Nachahmungen des Kreuzes von Golgatha, der Bau von Heilig-Grab-Kirchen, die oft bis ins Detail die Jerusalemer Grabkirche kopierten – wie etwa in Eichstätt. Die Wallfahrt zum Haus Mariens, wie in Loreto oder Walsingham, gehört zu dieser Erscheinung. Genau genommen, war auch das ganze Reliquienwesen nichts anderes als das Hereinholen in die eigene Gemeinde. So gesehen ist zunächst La Salette und dann Lourdes ein Neuanfang und auch das Marienmedaillon, das von Paris seinen Ausgang nahm und sich die Welt eroberte. In unserem Jahrhundert kam noch Fatima hinzu. Die treibende Kraft ist auch hier der Wunsch, der Gottesmutter nahe zu sein, von ihr beschützt zu werden.

Eisenbahn, Bus und Flugzeug haben die Menschen beweglicher und damit auch ferne Wallfahrtsziele leichter erreichbar gemacht. Das hat aber die ständige Bemühung, das Verehrte in die eigene Pfarrkirche zu holen, nicht unterbrochen. Man denke nur an die Verbreitung der Immerhilf-Madonna.

Neue und alte Fernwallfahrten wurden und werden oft von Orden organisiert. Sie warben für »ihre« Wallfahrtsstätten. Die Bedeutung der seelsorgerischen Arbeit der Orden ist heute kaum mehr so deutlich aufzeigbar. An manchem Ort brachte die Säkularisation das Ende. Anderswo konnten die Mönche die Stellung halten oder neu beginnen.

Es war wohl selbstverständlich, daß die Orden überall dort, wo sie auftraten, und sei es nur als Prediger bei Missionen, eine von ihnen betreute Wallfahrt ins Gespräch brachten oder einem ihrer Ordensheiligen eine Verehrungsstätte schufen (Antonius, Benediktus, Bernhard, Franziskus, Ignatius usw.). Wenn Orden eine Wallfahrt übernahmen, und sie übernahmen sie gern, dann sorgten sie sowohl für das leibliche wie auch für das geistige Wohl der Pilger, etwa durch die Beichte. Sie spielt an einer Wallfahrtsstätte, die seelsorglich betreut wird, eine entscheidendere Rolle als in der heimischen Pfarrkirche.

Bruderschaften

Für die Entwicklung von Wallfahrten waren neben den Orden oft Bruderschaften entscheidend.

So wichtig die aus Gilden und Zünften hervorgegangenen oder einem bestimmten Zweck dienenden Bruderschaften (Totenbestattung, Pflege von Pestkranken – die sogenannten »Elendsbruderschaften«) auch waren, uns interessieren hier nur die, die zu einer Wallfahrt gehörten. Bruderschaften waren eine mittelalterliche Einrichtung, die oft eigene Kirchen und Bilder errichteten. Sie hielten an strengen Bräuchen fest, wie die Bruderschaften der St.-Jakobs- und St.-Josse-Pilger. Mit dem Entstehen oder Wiederaufblühen der Wallfahrten im barocken Franken entwickelten sich neue, sehr aktive Bruderschaften. Es wird schwer sein zu entscheiden, ob man in den Wallfahrten oder in den Bruderschaften die Ursache für das jeweilig andere sehen will.

Mit der Gegenreformation und der damit verbundenen Marienverehrung (Lepanto/Mariahilf) erstarkten die marianischen Kongregationen, Rosenkranz- und Skapulierbruderschaften, auch sie wurden alle von Orden unterstützt. Nach dem Sieg über die Türken vor Wien waren es die »marianischen Liebesversammlungen«, besonders in Kirchen mit einem Mariahilf-Bild. Sie alle waren Förderer des religiösen Brauchtums, des Prozessions- und Wallfahrtswesens. (Die Anfänge der marianischen Bruderschaften liegen im 12. Jahrhundert. Von Köln weiß man, daß dort sogar schon 1065 eine solche Bruderschaft bestand.)

Wenn einerseits die Aufklärung und Säkularisation das Erlöschen so mancher derartigen Gesellschaft verursachte, so brachte das 19. Jahrhundert mit dem Kulturkampf zugleich eine neue Blüte des Bruderschaftswesens. Im 20. Jahrhundert erhielten viele neue karitative und apostolische Ziele. Diese neuen Aufgaben regten auch die Gründung neuer religiöser Gemeinschaften an.

In Franken bestehen heute noch große Bruderschaften, wie die in Würzburg, die alljährlich zum Kreuzberg pilgert. Städtische Bruderschaften organisierten und organisieren in Fulda, Aschaffenburg und Würzburg die Wallfahrt nach Walldürn. Eine »marianische Liebesversammlung« unternahm von Mainz aus die Wallfahrt nach Walldürn. Sie veranstaltete auch die Schiffswallfahrt nach Walldürn – von Miltenberg aus ging es dann zu Fuß weiter. Andere Städte am Main schlossen sich an oder charterten eigene Schiffe, wie z.B. Flörsheim, Hochheim, Steinheim, Seligenstadt, Aschaffenburg. Die Heidelberger fuhren auf dem Neckar bis Eberbach und zogen dann durch den Odenwald nach Walldürn. Über den Rhein und den Main kamen die Wallfahrer von Bingen. In den Schiffswallfahrten kann man die Vorläufer der Pilgersonderzüge und der Buswallfahrten sehen.

Aber Bruderschaften führten nicht nur Fahrten durch, sie bildeten sich auch am Wallfahrtsort selbst und wurden dort Träger eines regen religiösen Lebens.

In Bad Mergentheim gab es an der Mariahilf-Kapelle (an der Kapuzinerkirche) eine »marianische Liebesversammlung«.

Am Käppele in Würzburg ist es die Mariä-Schmerz-Bruderschaft, in Ingolstadt die marianische Meßbruderschaft, in Trautmannshofen die Herz-Mariä-Bruderschaft, um nur einige zu nennen. An vielen Kirchen, die von Karmeliten betreut werden, bestehen Skapulierbruderschaften. Ihre Mitglieder versammeln sich vor einer Kopie der berühmten La Bruna von Neapel, manchmal aber auch vor einem anderen Marienbild, dem man ein Skapulier umgehängt hat.

Jakobsstraßen

Das Mittelalter kannte drei große Wallfahrten, für die es Itinerarien gab: das Heilige Land, Santiago de Compostela und Rom. Sie waren einander gleichgestellt, wie Papst Sixtus IV. ausdrücklich bestätigte. Der heilige Bonaventura (1221–1274) berichtet, daß es im 13. Jahrhundert allein in Deutschland 500 Jakobskirchen gab. Einen nicht geringen Anteil daran hatte Franken.

Die alten Handelsstraßen waren zugleich Jakobsstraßen, und an ihnen lagen die Jakobskirchen und -kapellen. Die weitverzweigten, von Osten und Norden kommenden Wallfahrtsstraßen liefen durch Frankreich in fünf Routen und mündeten erst in Spanien in eine einzige ein. Von England her kamen zwei. Sie erreichten nördlich von Bordeaux und bei Rouen den Kontinent. Die Straßen von Skandinavien und den Niederlanden vereinigten sich in Reims, die deutschen aus dem Norden kamen von Aachen und zogen nach Vézelay, und die aus dem Süden zogen von Maria Einsiedeln über Cluny westwärts. Franken besaß zwei Anschlußrouten, die beide nach Einsiedeln führten, die Straße Breslau–Frankfurt und die Straße Breslau–Nürnberg. Die erste führte über Fulda an Aschaffenburg vorbei, die zweite mitten durch das Bamberger Gebiet (Hof – Kulmbach – Nürnberg – Donauwörth) nach Süden. Großer Versammlungsplatz und Ausgang der westlichen St.-Jakobs-Straße war Einsiedeln. Das Kloster hatte einen eigenen Pilgerführer. Von diesem Sammelpunkt aus zog man auf der »Oberen Straße« nach Santiago de Compostela.

Viele Jakobs- oder Jodokuskirchen oder -kapellen und -altäre wurden von den Jakobsbruderschaften gestiftet. In eine solche Bruderschaft konnte nur der aufgenommen werden, der eine Wallfahrt nach Compostela mitgemacht hatte; später genügten dafür auch Wallfahrten nach Rom, Aachen oder St-Josse (St. Jodokus in der Picardie). Die sogenannte Aachener Heiltumwallfahrt zum Marienschrein im Aachener Münster fand und findet seit 1238 nur alle sieben Jahre statt.

In Franken ist die Jakobsverehrung spätestens seit dem Wendenzuzug und den Einfällen aus Böhmen zur Zeit Karls des Großen nachweisbar. Damals entstanden befestigte Friedhöfe mit Wehrkirchen in Oberfranken an der Slawengrenze, die unter das Patronat des »Maurentöters und Ritters Christi«, St. Jakobus, gestellt wurden. So ist das Jakobsstift Marktchorgast eine Wehrkirche im alten karolingischen Königshof und späteren Zehntgerichtshof Königsfeld. Solche Wehrkirchen standen aber auch in Berg (bei Hof), Herreth (Staffelstein), Teuschatz (Bamberg) und Niedermirsberg. Dieses Doppelpatronat des heiligen Jakob als Pilgervater und Patron der Ritter führte oft dazu, daß ihm Burgkapellen geweiht wurden. So war auch die Königskirche in Nürnberg St. Jakob geweiht.

St.-Jakobs-Wallfahrten wurden ab Bamberg spätestens seit 1186 durchgeführt. Zentrum war die St.-Jakobs-Kirche hinter dem Dom.

Bei Notker dem Stammler, der 912 in St. Gallen gestorben ist, war schon von den – von St. Gallen aus gesehen – von Norden kommenden Jakobswallfahrern die Rede. Er spricht auch vom »Jakobskult in oberdeutschen Gegenden«.

Die Wallfahrer mußten unterwegs betreut werden, so daß an vielen Jakobskirchen auch Spitäler und Pilgerhäuser zu finden waren. Die berühmte einzige hochgotische Hauptkirche St. Jakob in Rothenburg ist dafür ein bekanntes Beispiel. Die »Brückenbrüder« der Hospitaliter waren eine weitere Pilgerhilfe, die der Papst durch einen eigenen »Brückenablaß« unterstützte.

Eine Vorstellung vom Umfang dieser Wallfahrten geben uns einmal die eingangs erwähnten Itinerarien. Man würde kaum solche Reisebeschreibungen verfaßt haben, und es hätte sicher nicht so viele Hospize und

Pilgerhäuser am Wege gegeben, wenn sie nicht gebraucht worden wären. Dazu kommt die Gründung von »Frankenvierteln« in spanischen Städten. Man sieht darin eine Folge des Hereinströmens von Hunderttausenden. Zweifelsohne waren unter den Pilgern viele Kaufleute, die mit der Pilgerfahrt den Handel verbanden. Solche »Frankenviertel« bestanden z.B. in Pamplona, Puente la Reina, Logroño, Najera, Santo Domingo de la Calzada, Burgos usw. Das entspricht genau dem Weg der spanischen Jakobsstraße bis Santiago, wobei Pamplona den Anfang und Santiago das Ziel der Straße darstellen. Wenn man auch annehmen muß, daß mit »Franken« nicht immer nur die »Nürnberger« gemeint waren, sondern in früher Zeit alle aus dem südlichen Deutschland kommenden Pilger, bleiben immer noch gewaltige, für uns heute kaum vorstellbare Zahlen übrig. Dem entsprechen die heute noch sehr zahlreichen Jakobskirchen in ganz Franken. Allein im Bistum Würzburg tragen rund 50 Kirchen diesen Namen. Im Erzbistum Bamberg sind es kaum weniger.

Wie im Mittelalter entlang der Jakobsstraßen Kirchen, Hospize, Rastplätze, Pilgerheime entstanden, so entstanden auch entlang der fränkischen Wallfahrtswege Raststellen, Übernachtungsorte, Stationen und Heiligenhäuschen. Die Pilger zogen immer den gleichen Weg, es sei denn, daß durch ein bischöfliches Gebot oder Verbot ein Umweg notwendig wurde (siehe: Laudenbach und Walldürn). Die Wallfahrt mußte vorbereitet werden, weil die Zahl der Beteiligten oft so groß war – 200 sind nicht ungewöhnlich –, daß man nicht auf gut Glück pilgern konnte. Zudem war es üblich, daß die Orte am Wege an solchen Fahrten teilnahmen, entweder durch feierliche Einholung und Verabschiedung des Wallfahrtszuges, oder einige Einwohner schlossen sich dem Zug an. Oft war auch eine

solche Vergrößerung der Teilnehmerzahl durch das Anlaufen bestimmter Sammelpunkte am Wallfahrtsweg seit Jahrzehnten festgelegt, nicht anders als auf den Jakobsstraßen.

Der heilige Jakobus auf einem barocken Gebetszettel.

Ein Wallfahrtsweg

Bei den einzelnen Wallfahrtsorten werden wir noch öfters von den festgelegten Reiserouten sprechen, die durch Kreuze oder Bildstöcke, durch Kapellen und im Laufe der Zeit durch eigene »Filial«-Wallfahrten gekennzeichnet waren.

Wie genau die Wallfahrtswege eingehalten wurden, zeigt die Tatsache, daß es für solche Wege eigene Wallfahrtsgebet- und -gesangbücher gab. Daraus ist zu entnehmen, daß Hin- und Rückweg nicht gleich waren. Man hält und betet an voneinander unterschiedlichen »Stationen«. Auch ist festgelegt, wo Pilgergruppen aus anderen Orten hinzustoßen und sich verabschieden.

Der mit vielen Gebeten begleitete Wallfahrtsweg und die Prozession beginnen immer am Freitag vom Hohen Domstift Würzburg aus, und man durchquert singend die Stadt. Die erste Station wird bei einem Bildstock vor dem Kister Wald gemacht, dieser Bildstock hat ursprünglich als »erste Blutvergießung« die Beschneidung Christi gezeigt. Die zweite Station lag dann als »zweite Blutvergießung Christi« in Kist selbst, ein Ölberg. Ein Bildstock der Geißelung bei Gerchsheim war die dritte Station, die vierte eine Dornenkrönung am Wald vor Bischofsheim. Die Bischofsheimer holten singend die Wallfahrer mit dem Allerheiligsten in die Stadtkirche. Die fünfte Station: der unter dem Kreuz gefallene Christus, das berühmte Grünewaldbild (das Original befindet sich heute in Karlsruhe). Man übernachtet in Tauberbischofsheim und marschiert am Samstagmorgen weiter zur Pieta auf dem benachbarten Stamberg. Die sechste Station ist ein Kreuzträger, die siebte kurz vor Königheim eine »Blutvergießung« – »als man Christus die Kleider vom verkrusteten Leib riß«. Die achte wird in Schweinberg gebetet, in diesem Gebetbuch »Schwemmerich« genannt. Dieses Dorf holt wiederum die Wallfahrer ein, man ißt zu Mittag, versammelt sich in der Kirche und zieht weiter.

An einem Steinkreuz rastet man vor Walldürn, bis man eingeholt wird. In Walldürn bleibt jedem nach einer gemeinsamen Vesper Zeit für seine Privatandacht. In Walldürn wird übernachtet. Von der Wallfahrtskirche aus, wieder als erste Station, beginnt der Rückweg. Der zweite Halt erfolgt in Hardheim, dem zweiten Fall Christi, wo er seiner Mutter begegnet. Man kommt wieder durch »Schwemmerich«. In der Kapelle auf dem Berg wird ein Rosenkranz zu Ehren der Heiligen Ignatius und Franz Xaver um die Bekehrung der Ketzer und Heiden gebetet. In Königheim steht die dritte Station, der Fall Christi mit Simon von Cyrene.

Beim Auszug aus Königheim beginnt der Rosenkranz zu Ehren des heiligen Kilian und »iro hochfürstlichen Gnaden« besonderen Anliegen. Auf der Höhe von Tauberbischofsheim wird ein neues Lied angestimmt und in der Kirche eine Messe angehört. Nach dem Segen mit dem Allerheiligsten geht es aus der Stadt. Man rastet in Gerchsheim, erhält den Segen und zieht weiter, wobei sich die Pilger von Heidingsfeld und Randersacker absondern und die anderen weiter nach Höchberg ziehen. Kurz vor Würzburg betet man noch einmal einen Rosenkranz für »Abbittung aller Fehler und Mängel, die von uns bei dieser Wallfahrt begangen worden«. Am Zeller Tor wird dann vom Hochstift aus eingeholt, und die Wallfahrt schließt mit einem Tedeum im Hohen Dom.

Für die Wallfahrer von Heidingsfeld ist ein Bildstock in Großrinderfeld mit dem Bild der Heiligen Familie die letzte Station. Wolfgang Brückner sagt: »Für die Eichsfelder bedeutet der Ausgangspunkt (ein Walldürner Bildstock bei Küllstedt) mit seiner konkreten Erinnerung an das historische Gelübde die Mahnung seiner Erfüllung. Der Bildstock ist als verpflichtender Denkstein erstellt und von Anbeginn zum Ausgangspunkt der Prozession bestimmt.«

Die Verehrung des Kreuzes in verschiedenen Formen

Die Verehrung des Kreuzes war eines der frühesten Anliegen der Christen, nachdem sie die erste Scheu überwunden hatten. Spätestens seit Kaiser Konstantin (286–337) verbreitete sich dieser Kult in der gesamten Christenheit. Es entstanden rasch zwei Schwerpunkte. Der eine war das Votivkreuz in Jerusalem auf Golgata, »dem Mittelpunkt der Welt«, das Konstantin errichten ließ, der andere, sicher spätere, war der Volto Santo in Lucca. Beide wurden immer wieder nachgeahmt.

Das Aussehen des konstantinischen Kreuzes können wir nur aus den Nachbildungen ableiten. Vor allem auf den Grabplatten der Kreuzfahrer findet man diese Form: Aus einem Sockel, meist in Form eines Halbkreisbogens, ragt das Kreuz empor. Das Kreuz trägt verschiedene Namen wie Bogensockelkreuz oder Kreuz über dem Halbkreisbogen (siehe Seite 22/23). Es gilt nicht als Zeichen des leidvollen Kreuzestodes, sondern, wie Bauerreiß nachgewiesen hat, ist es schon seit dem 5. Jahrhundert Symbol der Überwindung des Todes, der Auferstehung. Wenn es auf Reliefs erscheint, dann findet man es nie zwischen den Schächerkreuzen, sondern immer aus dem offenen Grab herausragend zwischen den Wächtern. Es stellt die Überwindung des Grabes dar, das Weiterleben Christi über den Tod hinaus.

Man wird wohl nicht mehr feststellen können, ob der Halbkreisbogen, aus dem das Kreuz aufsteigt, eine Form ist, die der des Kreuzes auf Golgata entspricht, oder ob damit der Golgatahügel symbolisiert werden soll oder auch der Stromberg des Paradieses. Möglicherweise sind alle drei zusammen gemeint. Jede einzelne davon aber gilt als Erlösungssymbol, als Zeichen ewigen Lebens.

Die Schädelstätte auf Golgata, auf der das Kreuz Christi errichtet wurde, soll nach der Legende gleichzeitig die Stelle sein, an der Adam begraben liegt. Durch den Kreuzestod hat Christus, der neue Adam, den alten Adam erlöst. Ähnliches hat das beziehungsreiche Denken des Mittelalters in den bildlichen Darstellungen zum Ausdruck gebracht, indem es das Kreuz auf den Stromberg des Paradieses (auf dem angeblich der »Baum der Erkenntnis« stand) errichtete.

Der Volto Santo

Die Darstellung Christi am Kreuz im langen roten, königlichen Gewand war um 1100 im ganzen europäischen Bereich verbreitet. Ihr Vorbild stand im oberitalienischen Lucca.

780 errichtete Bischof Johannes in Lucca die Kapelle S. Salvatore für den Volto Santo, den er nach Lucca gebracht und der noch heute in dem von Matteo Civitali erbauten Tempelchen in der Domkirche verehrt wird. Der Volto Santo ist nach der Legende von Nikodemus geschnitzt worden, wobei »Engel das heilige Antlitz gearbeitet« haben sollen. (Volto Santo wird meist mit »heilige Gestalt« übersetzt. Das Wort »volto« bedeutet aber neben dem übertragenen Sinn »Gestalt, Äußeres, Aussehen«, ursprünglich »Antlitz«.)

Es ist selbstverständlich, daß Acheiropoieten, also »nicht von Menschenhand Gefertigtes«, rasch zu hochverehrten Gnadenbildern wurden, die man überall nachgeahmt hat. Der heutige Corpus des Volto Santo in Lucca wurde wahrscheinlich um 1200 erneuert.

Im Gegensatz zu den angeblich ebenfalls nicht von Menschenhand gemachten, heute noch verehrten Lukas-Madonnenbildern wurden die Volto-Santo-Kopien bald vergessen, denn viele sind in »Heilige Kümmernis« umgedeutet worden.

St. Kümmernis, auch St. Wilgefortis genannt, ist keine kanonisierte Heilige, sondern eine phantasieumwobene Gestalt. Der Legende nach sollte die spanische

Königstochter Kümmernis, eine heimliche Christin, mit einem heidnischen Fürsten vermählt werden. Sie bat Gott, er möge ihr einen Bart wachsen lassen, damit sie ihrem göttlichen Meister ähnlich werde und keinem Mann mehr gefalle. Christus erfüllte diesen Wunsch, worüber sich der Vater so erzürnte, daß er sie kreuzigen ließ, damit sie das Schicksal ihres Vorbildes teile.

In Franken haben sich mehrere Volto Santo erhalten, die heute sonst sehr selten geworden sind. In der Wilgefortiskapelle in Hörstein zeigt das Altarbild die reich gekleidete Wilgefortis am Kreuz, ebenso in Wörth am Main.

Während hier also noch eindeutig ein weibliches Wesen am Kreuz zu sehen ist, hatte man eine solche Darstellung am »Gehülfersberg« (Ortsteil Eichsfeld von Rasdorf) nur von 1837 bis 1852 aufgestellt. Die Geschichte dieses Kreuzes zeigt die typische Entwicklung vom Volto Santo zur Kümmernis und wieder zurück zum Kreuz. Seit dem 14. Jahrhundert wird hier in einer steinernen Kapelle ein Salvatorbildnis nach dem Vorbild des Volto Santo in Lucca als »göttliche Hilfe« verehrt. Im Zuge der Kümmernis-Verehrungswelle des 18. Jahrhunderts gestaltete man dieses Kreuz zur Wilgefortis um, indem man ein reiches Gewand und künstliche Haare anbrachte. 1835 wurde es dann durch ein richtiges Kümmernisbild ersetzt, das aber bereits 1852 wieder entfernt wurde. Das alte Kreuz wurde restauriert und erneut aufgestellt. Es handelt sich um einen gekrönten romanischen Christus am Kreuz, der einen halblangen Rock trägt.

In *Bamberg* hängt je eine Volto-Santo-Kopie in einer Seitenkapelle der Heilig-Grab-Kirche und in St. Gangolf. Sie genießen als »göttliche Hilfe« vielfältige Verehrung. Nach Bamberg gelangte die »Abbildung des Gnadenbildes von Stuffenberg im Eichsfelde« durch einen Bamberger Patrizier. Dieses Kreuz mit dem bekleideten und gekrönten Heiland wurde über der Stätte errichtet, »wo einst der Heiland im Grabe lag« (hier fand man eine Hostie im Acker).

In *Dettingen* trägt ein Schlußstein des Chors ein Kreuz mit Christus im langen Mantel.

Die bekleidete Gestalt am lateinischen Kreuz der Pfarrkirche in *Pfalzpoint* ist wohl vom Volto Santo angeregt, wurde aber auch schon als Andreas gedeutet, weil die Figur mit Stricken an die Balken (aber kein Andreaskreuz) gebunden ist.

Der Lebensbaum

Die ersten beiden Formen stehen in einem engen Zusammenhang mit Wallfahrten – ins Heilige Land und nach Lucca –, für den Lebensbaum dagegen kann ich keine Wallfahrt nennen, sofern man nicht das Kreuz in Köln in Maria im Kapitol darin sehen will (heute in der wiederaufgebauten Kirche, früher am Mittelpfeiler des Portals). Das Lebensbaumkreuz hat statt Querbalken zwei schräg nach oben stehende Arme, die oft als Astwerk geformt oder mit Geranke umgeben sind. Zwei der schönsten besitzt Würzburg (»Leprosenstein« in St. Burkard – aus der ehemaligen Aussätzigenkapelle; und in der Marienkapelle), ein weiteres hängt in der Pfarrkirche von Gerolzhofen. In Sulzfeld zeigt ein Bildstock einen Lebensbaum (ohne Corpus). In Oberfladungen steht ein einmaliger Bildstock mit ähnlichem Motiv: Kreuz als Rebstock.

Wenn von diesen traditionsreichen Kreuzformen nur noch wenige in Franken übrig geblieben sind, so gibt es dagegen seit der Renaissance eine Fülle von Hochkreuzen, Kreuzbildstöcken und Kreuzwallfahrtsorten. Das beginnt rund um den Kreuzberg und endet eigentlich überhaupt nicht; denn der Süden Frankens besitzt in Bergen ein zweites Zentrum, das ebenfalls Kreise zog.

HALTEPUNKTE FÜR WALLFAHRTEN UND PROZESSIONEN

Überall in Franken stehen am Weg die Prozessionsaltärchen: Haltepunkte für Wallfahrten, Flurumgänge und Fronleichnamsprozessionen, zugleich oft Erinnerung an eine Wallfahrt wie die ersten an Vierzehnheiligen.

Von links nach rechts:

Erbshausen-Sulzwiesen, außerhalb des Ortes Fluraltärchen von 1833 mit einer Krönung Mariä (Gößweinstein) und Vierzehnheiligen-Relief.

Brünnstadt, an der Straße außerhalb des Ortes Fluraltärchen »zu Ehren der hl. Dreifaltigkeit und der 14 Nothelfer«.

Sommerach, an einer Weggabelung außerhalb des Ortes vierseitiger Bildstockwürfel, der auf einem Baldachin liegt (auf jeder Seite eine Szene aus der Passion).

Herlheim, im Ort ein Altarbildstock zur Aufnahme der Monstranz.

Tauberbischofsheim, am Garten des Konvikts (am Stadtrand) Altarbildstock von 1626.

Schwebenried, Altarbildstock inmitten des Orts zur Aufnahme der Monstranz. Er stammt aus dem Jahre 1736.

Der Kreuzberg in der Rhön

Zwei Wege führen auf den Kreuzberg: eine direkte Straße von Bischofsheim in der Rhön und eine über Neuwildflecken. Die Landschaft lockt wohl ebenso viele Besucher wie die alte Wallfahrt. Aber wer wollte da säuberlich trennen? So kennt der Kreuzberg auch nicht die übliche Wallfahrtsituation, bei der eine Kirche das Ziel der Beter ist. Hier sind es die drei Hochkreuze am Gipfel des Berges, wenn auch gelegentlich (auf Gebetszetteln) das Kreuz des Hochaltars der Kirche als Gnadenbild angesprochen wird.

Man erzählt, daß dieser Berg schon sehr früh Pilger anlockte. Nach alter Überlieferung ging vom Kreuzberg die Christianisierung Frankens aus. 686, so wird berichtet, habe der heilige Kilian selbst hier auf einer heidnischen Kultstätte das Kreuz aufgepflanzt, das dann im Bauernkrieg zerstört worden sein soll.

Fürstbischof Julius Echter ließ 1582 drei steinerne Kreuze aufstellen und 1598 eine Kapelle und einige Nothütten für die Pilger errichten und holte schließlich die Franziskaner aus Dettelbach auf den Kreuzberg. Im Dreißigjährigen Krieg, 1639, wurden die Kreuze zerstört. Sie dürften aber 1654 wieder aufgestellt worden sein, denn damals schenkte der Bischofsheimer Amtmann Paßmann der Kapelle einen Kreuzpartikel, und so erhielt die Verehrung neue Impulse. 1680 konnte man dann mit dem Bau des neuen Klosters beginnen. Fürstbischof Philipp von Dernbach weihte 1692 die jetzige Kirche und das Kloster ein. 1699 wurde der Fürstenbau errichtet, der für Fürstbischof Johann Philipp von Greiffenclau und seine Gäste bestimmt war. 1710 kam der Kreuzweg hinzu.

All diese Baumaßnahmen zeigen ohne Zweifel, daß die Wallfahrt zum Kreuzberg sehr beliebt war.

Seit der Gegenreformation werden die beiden Hochfeste Kreuzauffindung und Kreuzerhöhung feierlich begangen. Mit Julius Echter begann die Reihe der

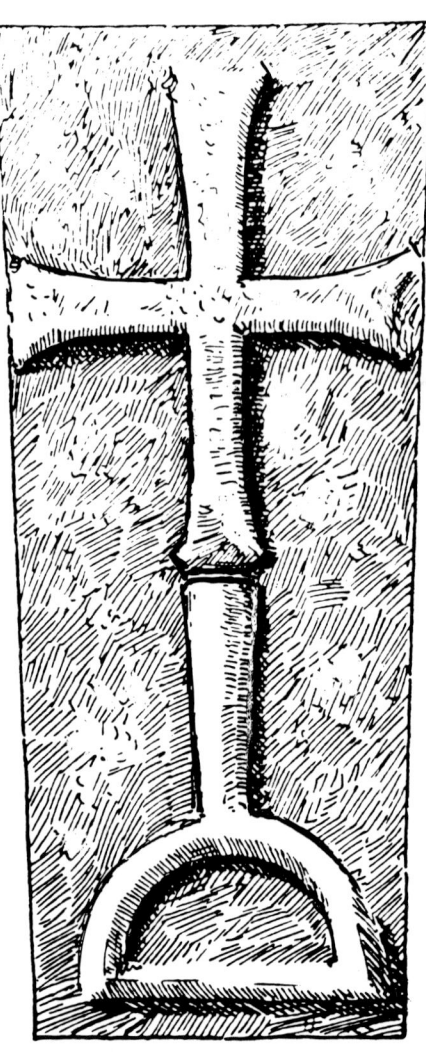

Typische Formen des Auferstehungskreuzes, wie es bei uns vor allem auf Grabplatten von Kreuzzugsteilnehmern zu finden ist: das Kreuz, das, durch eine Kugel oder Scheibe getrennt, auf einem hohen Schaft sitzt, der seinerseits auf einem stilisierten Hügel steht.

Würzburger Bischöfe, die diese Wallfahrt stets besonders förderten.

Über die Diözese hinaus wurde die Wallfahrt auch aus dem fuldaischen und hessischen Raum besucht; selbst

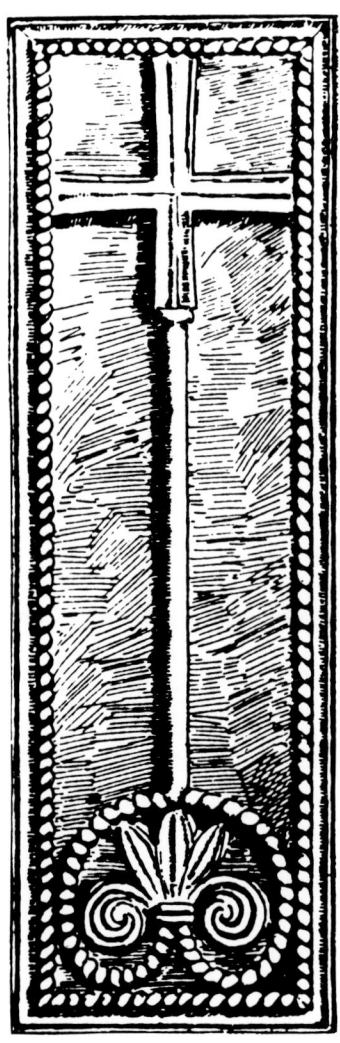

aus Oberfranken kamen Pilger. Um 1750 zählte man 50 000 Kommunionen auf dem Kreuzberg.

Durch die Säkularisation fiel das Kloster an Bayern. Der Kreuzberg war zum Aussterben verurteilt und jede Wallfahrt verboten.

Seit dem dritten Jahrzehnt des letzten Jahrhunderts ist der Kreuzberg wieder den Franziskanern anvertraut, die ihn schon unter Julius Echter betreuten.

In der Stadt Würzburg besteht heute noch eine Kreuzbruderschaft, die alljährlich eine Wallfahrt zum Kreuzberg unternimmt. Die Wallfahrer werden feierlich verabschiedet und eingeholt. Weitere Kreuzbruderschaften bestehen in Karlstadt, Ochsenfurt, Arnstein.

Man mag sich fragen, worauf die Beliebtheit dieser Wallfahrt beruht, nachdem, wie eingangs erwähnt, manches, was sonst dazugehört, fehlt. Bei allen Kreuzwegstationen versucht der Pilger den Weg nach Golgata mitzuleiden, um dadurch, wie es im Barock formuliert wurde, »aus dem Sündenpfuhl heraus« in die reinere Höhe hinaufzusteigen. Wir kennen diese Vorstellung von der »Scala Santa« – der Heiligen Stiege – in Rom und den vielen Nachbildungen in Süddeutschland, die teilweise noch heute bestehen, wie die Heilige Stiege in St. Walburg in Eichstätt, in Marienstein, Ingolstadt-Gnadenthal usw. Von der »Scala Santa« sagt man, daß »28 Stufen aus dem Sündenpfuhl« führten. Es ist also immer das Kreuz, zu dem man emporsteigt. Das wird hier in besonderer Weise durch die Landschaft unterstrichen. Sie spielt, wie auch bei anderen Wallfahrten, oft eine wichtige Rolle. Hier in 928 Meter Höhe ist man wirklich dem Alltag unten im Tal entwichen. Weit geht der Blick ins Land, klein liegen die Dörfer rund um den Berg. Man fühlt sich hier oben nicht nur freier, es ist nach einem beschwerlichen Aufstieg auch so recht ein Platz der Ruhe und Besinnung (siehe Titelbild des Umschlags).

Der Sinn des Wallens liegt im Weg

Was über die Wallfahrtswege gesagt wurde, gilt in erhöhtem Maß von einer Fußwallfahrt, wie sie die Würzburger Kreuzbruderschaft durchführt. Diese Wallfahrt von Würzburg zum Kreuzberg in der Rhön »hat ihren wahren Sinn nicht allein in der Erreichung des Zieles, sondern im Weg selbst, und dieser Weg ist eine wohlgegliederte Andacht mit frommen Haltepunkten und Stationen an Bildstöcken«, schreibt Josef Dünninger.

An der Straße nach Rimpar ist der Bildstock am Rotkreuzhof, das »Rotbild«, ein solcher Haltepunkt. 1906 wurde, als die Straße verlegt wurde, das »Rotbild« von Mitgliedern der Kreuzbruderschaft an der neuen Straße aufgestellt (»Rotbild« = 5 Passionsszenen).

Die vierte Station betet man an einem Wegkreuz bei Schwebenried, die siebte beim Bildstock nahe Euerdorf. Ein weiterer Bildstock bei Machtilshausen, »Sterbende Heylands vorgestellte Statua«, wurde auch von der Kreuzbruderschaft errichtet. So wird diese Wallfahrt zu einem weiträumigen Kreuzweg mit vielen Stationen.

Aus der Sicht, den Weg als das Wesentliche der Wallfahrt zu sehen, ergeben sich eine Reihe weiterer Folgerungen. Man hat z. B. die Strecke von Volkach zu »Maria in den Weingärten« nach den Abmessungen des Leidenswegs des Herrn in Jerusalem gestaltet. Gemessen wurde vom Haus des Pilatus bis zur Schädelstätte. Das entspricht in Volkach dem Weg vom Rathaus bis zur Wallfahrtskirche. Die einzelnen Stationen entsprechen selbstverständlich ebenfalls dem Jerusalemer Vorbild. Ein solcher Kreuzweg galt als Ersatz für die Wallfahrt nach Jerusalem, sofern nach den Bedingungen der Ablässe gebetet wurde, den gleichen Ablässen wie für den Jerusalemer Kreuzweg. Eine solche Strecke nach den Jerusalemer Maßen besteht auch von Dittwar zum Kreuzhölzle.

Alle Wallfahrtsstraßen sind auch als religiöse Übungen gedacht. Sie wurden in diesem Sinne angelegt und gestiftet und auch so benützt. So hat die Hofdienerschaft auf dem Marienberg an der alten Höchberger Straße altarähnliche Bildstock-Stationen der »sieben Fälle Christi« setzen lassen, und Bischof Philipp Adolph von Ehrenberg (1625–1631) hat diese Stiftung mit einem Kruzifix in der Kirche von Höchberg gekrönt. Die besondere Verehrung der Lieben Frau von Höchberg durch die Hofdienerschaft dürfte auf das Vorbild von Ehrenbergs Vorgänger Johann Gottfried von Aschhausen (1617–1622) zurückzuführen sein, der selbst oft nach Höchberg betend wallte, eine Übung, die die Würzburger Bischöfe bis ins späte 18. Jahrhundert beibehielten, berichtet Josef Dünninger.

In Gabolshausen im Grabfeld, also noch im Einflußbereich des Kreuzbergs, steht »die schönste Rokokoarbeit ganz Frankens« (Mehl), eine Kreuzigung von 1767.

Die Wallfahrer der Kreuzbruderschaft am Ziel.

Rund um den Kreuzberg

Einige Haltepunkte der Kreuzberg-Walleute sind selbst kleine Wallfahrtsstätten geworden.

In *Fladungen* steht seit 1496 auf dem Hemelberg eine Kapelle, die dem Heiligen Kreuz und St. Gangolf geweiht ist. Die Reformation hatte den Abbruch des Kirchleins gebracht, und die Gegenreformation baute das jetzige Heiligtum. Es ist heute noch eine örtlich gern besuchte Kapelle.

Die Kreuzkapelle bei *Frammersbach* im Spessart steht seit dem 15. Jahrhundert. Sie erlitt durch Reformation und Gegenreformation das gleiche Schicksal wie die Fladunger Gangolfkapelle. Ein paar umliegende Gemeinden ziehen am Fest Kreuzerhöhung auf den Berg.

In *Machtilshausen* – zwischen Hammelburg und Bad Kissingen – steht die Kreuzkapelle, die aus einem Heiligenhäuschen hervorging, das am Wallfahrtsweg zum Kreuzberg stand. Eine Nachbargemeinde feiert dort das Fest der Kreuzerhöhung, während Machtilshausen selbst zu der Kreuzkapelle auf dem Friedhof zieht.

In *Münnerstadt* ist die Talkapelle dem Heiligen Kreuz und der Gottesmutter geweiht. Auch diese Kapelle wurde in der Gegenreformationszeit am Platz der alten neu errichtet und ist heute eine Wallfahrt der näheren Umgebung.

Das Kreuz auf dem *Sodenberg* bei Wolfsmünster an der Fränkischen Saale galt als Gnadenbild, zu dem man wallte. Schon der heilige Kilian habe an dieser Stelle ein Kreuz errichtet, will die Legende wissen. Früher wurde an den Kreuzfesten dort oben Messe gelesen.

Das gleiche berichtet man von der Kreuzkapelle bei *Sulzthal.* Diese Kapelle kann auch ein Haltepunkt der Kreuzberg-Wallfahrer gewesen sein. Sie stammt aus dem Jahre 1451. Hier wurden nicht nur die Kreuzfeste begangen, sondern ein Kreuzritt veranstaltet.

Der *Volkersberg* bei Volkers ist ebenfalls dem Heiligen Kreuz geweiht – Hochaltar mit Gnadenkreuz und drei Hochkreuze vor der Kirche –, zu den drei Kreuzen führt ein Stationsweg. Die Legende läßt die Kapelle schon 1113 entstehen, sicher existierte sie aber 1378. Wie am Kreuzberg, so bestand auch hier ein Franziskanerkonvent. Heute ist der Volkersberg ein Jugendzentrum. Volkers gehörte zeitweilig zu Fulda.

Im Fuldaer Gebiet, in der Nähe des Vogelsberges, liegt auch *Kleinheiligkreuz.* Es gab ursprünglich nur ein Hochkreuz, von dem die Legende sogar berichtet, daß es Bonifatius erstellt habe, dann sei bei der Überführung seines Sarges nach Fulda hier Rast gemacht worden. Aus einer Einsiedelei wurde nach und nach eine kleine Kirche, die Säkularisation verbot die Wallfahrt, und erst 1913 wurde die Kirche wieder geweiht.

Weiter entfernt lag *Kreuzwertheim.* Allerdings blieb hier nach der Reformation nur der Ortsname erhalten. Vorher war die dem Heiligen Kreuz geweihte Kirche zugleich ein Umrittheiligtum.

Das »Kreuzhölzle«, eine Kreuzkapelle in der Gemarkung von Tauberbischofsheim-*Dittwar,* ist dagegen heute noch ein Platz, an dem die ganze Umgebung das Fest der Kreuzauffindung feiert. Die Wallfahrt begann im Jahre 1660, wenig später war bei der inzwischen errichteten Kapelle eine Einsiedelei entstanden, der dann im 17. Jahrhundert das heutige Kirchlein folgte. Im alten Wallfahrtsbüchlein von 1747 wird mitgeteilt, daß der Kreuzweg, der aus 14 Bildhäuschen besteht, von der Kirche in Dittwar bis zum Kreuzhölzle 1361 Schritte messe, die Anzahl, die angeblich Christus vom Haus des Pilatus bis auf Golgata das Kreuz tragen mußte. Das Deckengemälde der Kapelle zeigt einen Priester, der während der Wandlung den Kelch hochhält, so daß das Blut Christi vom Kreuze hineinströmt.

Das läßt an eine ähnliche Verbindung in *Burgwindheim* denken, wo der barocke Hochaltar der Pfarrkirche ein Kreuz zum Mittelpunkt hat, aber in der kleinen Wallfahrtskirche neben dem Friedhof das Heilige Blut verehrt wird.

Die Kreuzkapelle in *Bieberehren* entstand aufgrund eines Gelübdes. Dort schneidet man sich Splitter vom Kreuzbalken ab, die sogar als Amulett mit in den Krieg genommen wurden. Die beiden Kreuzfeste werden hier feierlich begangen.

Die Kreuzkapelle in *Gaibach* trug einen eigenartigen Namen: »Fiber-Cäpelein«. Er war nicht, wie sonst häufig, eine Flurbezeichnung, sondern der Ausdruck für das, wogegen man dort Linderung oder Heilung erwartete. 1699 wurde aufgrund eines Gelübdes anstelle der alten Kapelle von Lothar Franz von Schönborn eine neue, größere gestiftet. Trotz Kreuzpartikel und angelegentlicher Pflege durch die Schönborn wurde die neue Kapelle kein Wallfahrtsziel mehr.

Nach Nikolaus Treu: Kreuzauffindung. Altarbild in Neumünster zu Würzburg.

HEILIG-KREUZ-BILDSTÖCKE

Kreuze finden sich überall an den Wegen, in den Fluren und Ortschaften in den unterschiedlichsten Formen, aus vielen Epochen und in mannigfachen Stilen.

Oberfladungen, vierseitiger Bildstockwürfel am Ortseingang (von Fladungen her). Rundum Szenen der Passion. Das Kreuz wurde zum Weinstock. Christi Blut wird in einem Kelch aufgefangen.

Oberspießheim, in der Flur Kreuzigungsrelief von 1684.

Großwenkheim, Bildstock mit Kreuzigungsrelief in der Ortsmitte.

Das bekannte Rhönkreuz bei Bischofsheim von 1636.

Wülfershausen, barockes Kreuz mit Mater dolorosa von 1772 in der Ortsmitte.

Oberscheinfeld, vierseitiger Rokokobildstock. Das Kreuzigungsrelief mit Maria (mit Schwert in der Brust), Magdalena und Johannes, darüber Gott Vater und der Heilige Geist, darunter Schlange. Im Kapitell Schweißtuch der Veronika, im Schaft Arma Christi, darunter Auferstehung, im Sockel Christus in der Vorhölle.

Oberndorf bei Ballenberg, Bildstock von 1730 an einer Weggabelung, rundum die Kreuzigung, Szenen aus der Passion, darunter Pieta.

Steinbach, im Ort Kreuz (von 1752) mit Engel, der in einem Kelch das Blut Christi auffängt, auf einem Zwischensockel der Evangelist Lukas mit dem Stier, im unteren Teil des Schafts Laurentius als Blutzeuge mit Martyrerpalme.

1000 Jahre Heilig-Kreuz-Wallfahrt nach Bergen

1976 konnte Bergen das 1000jährige Jubiläum feiern, 976 wurde das Benediktinerinnenkloster zum Heiligen Kreuz in »Beringa« gegründet. Dieses Ereignisses wurde am Fest der Kreuzerhöhung 1976 gedacht.

Bergen gehört zum Bistum Eichstätt. Es liegt der alten Römerstraße benachbart in der Nähe von Neuburg an der Straße nach Dollnstein. Bergen ist heute ein Stadtteil von Neuburg an der Donau.

Verehrt wird ein Kreuzpartikel in einer Reliquienmonstranz. Übrigens besitzen alle bereits genannten Wallfahrtsorte neben einem großen Kreuz einen Partikel. Außerdem beherbergt die Kirche auch Teilchen der Dornenkrone, der Lanze und der Geißelsäule.

Ursprünglich war die Abtei eine gewaltige Klosterburg, die vor den immer wieder einfallenden Ungarn schützen sollte. Von der alten Kirche blieb der freistehende wuchtige Wehrturm und die Krypta erhalten. Die spätere Rokokokirche wurde jetzt anläßlich des Festes grundlegend restauriert.

1543 hatte Herzog Ott-Heinrich befohlen, der neuen Lehre zu folgen. Das Kloster widersetzte sich. Da erging 1552 das Verbot, neue Nonnen aufzunehmen, und 1590 wurde das Kloster ganz aufgelöst. Als Pfalzgraf Wolfgang Wilhelm wieder zur alten Lehre übertrat, berief er 1616 die Jesuiten. Die Wallfahrt, die trotz Verbot nie ganz erloschen war, blühte nach 1708 neu auf.

Der fürstbischöflich-eichstättische Baudirektor Johannes Dominikus Barbieri wurde mit der Umgestaltung der Kirche betraut, die praktisch einem Neubau gleichkam. Es entstand die heutige Rokokokirche, die mit allen damals geläufigen Mitteln zu einer Lobpreisung des Heiligen Kreuzes wurde. Zehn Fresken des bayerisch-schwäbischen Meisters Johann Wolfgang Baumgartner erzählen die Kreuzlegende, wie sie seit den Bildern von Arezzo bekannt war, und darüber hinaus die späteren geschichtlich belegten Ereignisse. So trägt der heilige Karl Borromäus ein Sühnekreuz. Das Bildprogramm gipfelt schließlich in der Verehrung der Reliquienmonstranz, die den Kreuzpartikel beherbergt. 110 Seraphim, Engel und Putti bevölkern den Kirchenraum und künden von der Verherrlichung des Kreuzes. So nennt man Bergen eine der frohesten Kreuzkirchen.

Die Kirche überstand die Säkularisation, das Kloster aber war 1809 zum Verkauf ausgeschrieben. Heute wächst die Zahl der Wallfahrer wieder. Fünf große Wallfahrten kommen jedes Jahr: aus dem Westen, aus dem Donauwörther Raum Burgmannshofen, Gansheim und Tapfheim, aus dem Süden Dirschhofen. Die Eichstätter kommen am Fest der Kreuzerhöhung auf dem alten Wallfahrtsweg zu Fuß. Mit dem Segen und dem Auflegen der Reliquienmonstranz endet jede Wallfahrt.

Die Monstranz mit dem Kreuzpartikel in Hl. Kreuz in Bergen-Neuburg.

HEILIG-KREUZ-WALLFAHRTEN

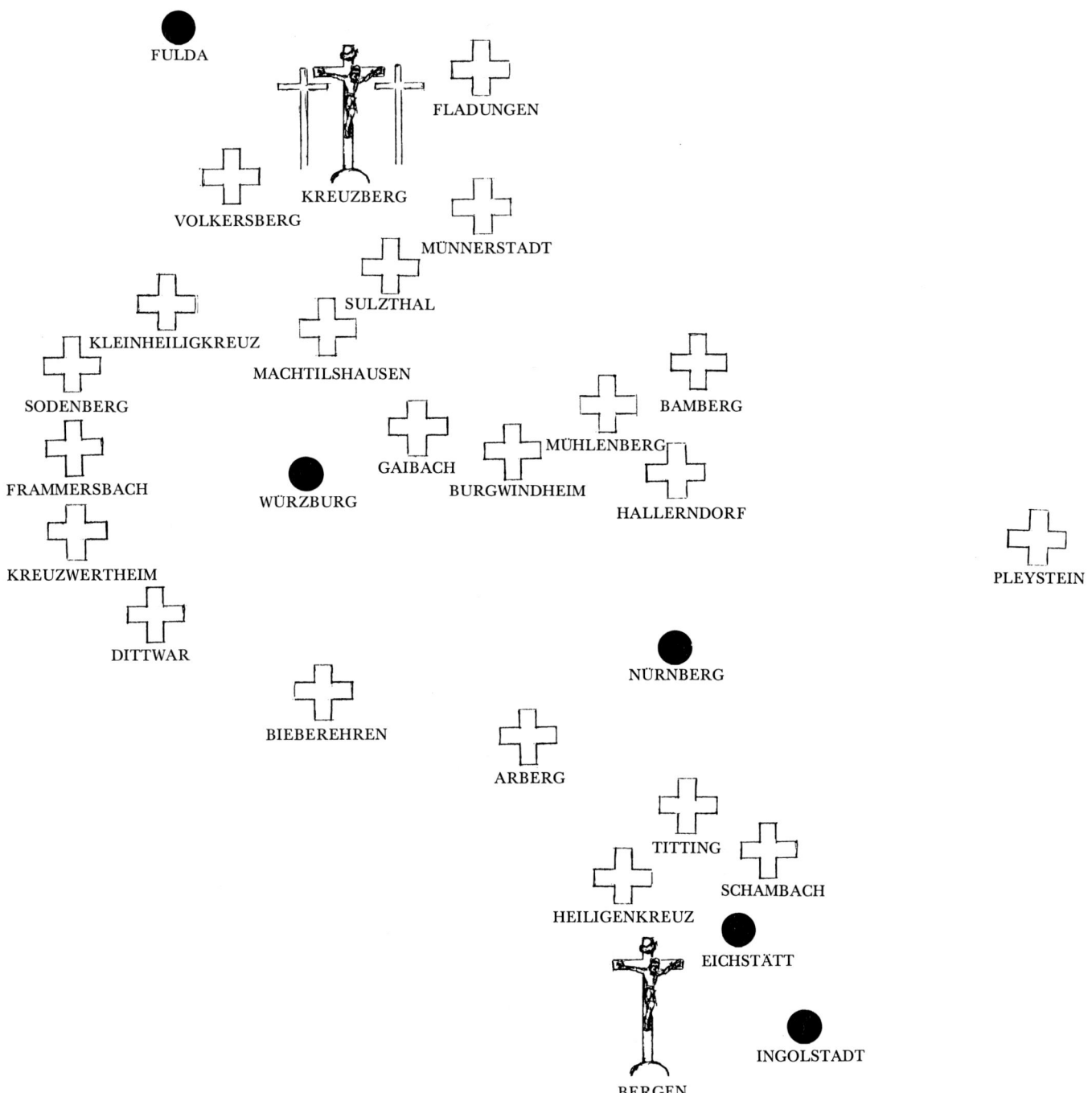

HEILIG-KREUZ-BILDSTÖCKE

Kreuze im Stil der jeweiligen Zeit, die bei Renovierungen oft zeitgenössische Formen annehmen mußten.

Külsheim, am Ortsausgang ein Kreuzbildstock von 1483, der wohl vielerlei Veränderungen erlebt hat.

Hannberg, vor der Kirchenburg ein eigenartiger Quaderbildstock.

Grünsfeld, vor der Pfarrkirche ein gotischer Bildstock, der in seinem Schaft einen großen Petrus birgt.

In der Flur bei Neukirchen, ein in Franken ganz ungewöhnlicher Bildstock.

Sulzdorf, ein doppelseitiger Bildstock von 1679 am Platz vor der Kirche (siehe auch Pieta-Bildstöcke).

Röttingen, ein Bildstock, dessen Hauptteile von 1624 sein dürften, während in der Rückwand des Kreuzes 1463 eingeschlagen ist. Die Figur im Sockel soll den heiligen Kilian darstellen, was auf den Kreuzberg hinweisen würde.

32

Rund um Bergen

Man kann wohl keine Abgrenzung des jeweiligen Ausstrahlungsraumes vom Kreuzberg und von Bergen vornehmen. Sie überschneiden sich sicher, ebenso gewiß überschreiten sie die Grenzen Frankens. So dürfte Bergen noch weit in die nördliche Region des Bistums Regensburg hineingreifen wie der Kreuzberg in das Bistum Fulda. Wir müssen das Gebiet als Ganzes sehen, wobei der Kreuzberg der nördliche und Bergen der südliche Schwerpunkt ist.

Sicher kann man die Kreuzwallfahrten des Bistums Eichstätt und der nördlichen Region von Regensburg dazurechnen, möglicherweise auch Teile des Bistums Bamberg, wenn man berücksichtigt, daß einst die östliche Jakobsstraße (Bamberg – Nürnberg – Donauwörth) diese Gegend durchquerte.

Bei *Titting* liegt die Kirche Heiligkreuz auf dem Berg, sie gehörte früher zum Eichstätter Schottenkloster. Sicher stand dort schon 1194 ein Bau. Die Reformation brachte die Profanierung, erst 1681, als das Hochstift Eichstätt die Kirche wieder übernahm, konnte sich die Wallfahrt neu entfalten. Heute werden in der kleinen Wallfahrtskirche nur die Kreuzfeste begangen.

Schon 1480 gab es Wallfahrten zum Heiligen Kreuz bei *Arberg*. Die Kapelle kam dann in den Ort selbst. Heute ist die Wallfahrt erloschen.

In *Schambach* bei Kipfenberg wird ein kupfernes romanisches Kreuz aus dem 12. Jahrhundert verehrt, für das 1748 eine neue geräumige Kirche gebaut wurde – in einem Ort mit damals elf Häusern. Das Fest der Kreuzauffindung und die sechs Fastenfreitage werden hier von der ganzen Umgebung gefeiert.

Die Stadt *Pleystein* – in der Nähe von Weiden – hat ihren Kreuzberg. Ein seit 1770 verehrtes Kreuz wurde 1814 von der bisherigen einsamen Stelle in eine Kapelle auf dem Schloßberg gebracht. Die erste Kapelle mußte schon bald vergrößert werden. 1841 konnte man den Neubau einweihen. 1903 haben die Augustiner die Wallfahrtsseelsorge übernommen. Heute ist die Kirche nur örtlich besucht.

Ähnlich erging es der »Kapellholz« genannten Kreuzkapelle in *Mühlendorf* bei Bamberg. Das mitten im Wald stehende Heiligtum wurde von Schweden zerstört und 1690 wieder aufgebaut. 1748 kam eine Eremitage dazu, 1805 brannte die Anlage ab. Das Kreuz stellte man in die frühere Orangerie des Schloßgutes, die man zur Kapelle umwandelte. Stegaurach hat dorthin noch lange jährlich einmal eine Wallfahrt unternommen.

Kaum mehr besucht wird die Wallfahrtskirche »Zum Heiligen Kreuz« bei *Hallerndorf* in der Nähe von Bamberg. Das Kreuz auf dem Hochaltar gilt als im Jahre 1611 »erst neuerrichtet«. Die vierzehn Kreuzwegstationen sind rundum in die Kirchenmauer eingelassen. 1720 war die Kirche am meisten besucht, damals betreute sie ein Eremit.

In diesem Zusammenhang muß nochmals auf das schon erwähnte Burgwindheim hingewiesen werden. Auch der Kreuzberg bei Schwandorf sei genannt, auf dem früher am Platz der heutigen Mariahilf-Kirche ein Kreuz stand.

Wenn man von den genannten Plätzen auch weiß, daß es Wallfahrten waren oder sind, von den Hochkreuzen, Kreuzbildstöcken oder Altarbildern braucht keines unmittelbar auf eine der genannten Wallfahrten Bezug zu haben, wenigstens wissen wir wenig darüber. Von manchem Hochkreuz oder Bildstock ist zwar bekannt, daß sie Rastplätze auf einem Pilgerweg waren, aber eindeutig auf eine bestimmte Wallfahrt beziehen kann man sie nicht, wie es immerhin etwa bei Vierzehnheiligen und gar bei Walldürn möglich ist. Ebensowenig ist die Vielzahl der Kreuze, die wir in Franken antreffen, auch nur annähernd gezählt.

Die Pieta-Verehrung in Franken

Die Schmerzensmutter, auch Pieta oder Vesperbild genannt, war viele Jahrhunderte lang eine der volkstümlichsten Mariendarstellungen. In den Ländern nördlich der Alpen blieb die Pieta fast ohne Unterbrechung bis heute eine bekannte Darstellung, für die zwar kaum neue Formen gefunden wurden, die aber viele Varianten hervorbrachte.

Ein Schwerpunkt der Verehrung lag im 14. und 15. Jahrhundert. Damals bevorzugte man – nicht zuletzt aufgrund von Weltuntergangsprophezeiungen – Darstellungen der Passion und der schmerzenreichen Gottesmutter. Die schmerzenreiche Mutter war in Deutschland jahrhundertelang so beliebt, daß sie als typisch deutsch empfunden wird. So ist es kaum verwunderlich, daß auch die Volkskunst, meist angeregt durch Wallfahrten, die Pieta als Votivbild und als Hausmadonna übernommen hat. Da aber Wallfahrtsstätten, an denen eine Pieta verehrt wurde, schon früh zu den bekanntesten und beliebtesten zählten, waren auch deren Kopien rasch weit verbreitet. In Deutschland bildeten Westfalen und Franken Schwerpunkte der Verbreitung, ja Franken hat einen eigenen Typ bevorzugt: das fränkische Vesperbild. Sein besonderes Merkmal ist der frontal gezeigte Körper Christi. Maria bietet ihn so dem Beschauer dar, zur sehr eindringlichen Illustration der Worte, die auch auf fränkischen Pieta-Bildstöcken oft wiederzufinden sind: »Ihr alle, die ihr vorübergeht, seht, ob ein Schmerz gleich meinem Schmerz!«

Am Anfang der Entwicklung steht die ebenso alte wie berühmte Pieta aus Scheuerfeld, wenn sie auch nicht mehr als Andachtsbild zur Verfügung steht, und die spät entstandene Pieta auf dem Käppele (Würzburg) ist keineswegs die letzte Form. Viele Kirchen erhielten erst im 19. Jahrhundert eine Pieta, und auch unser Jahrhundert hat dieses Motiv immer wieder verwendet.

Man kann ohne Übertreibung sagen, daß fast jede Kirche in einer stillen Ecke eine Pieta besitzt, eine Ecke, in die man seine Sorgen, sein Leid tragen kann. Menschen, die irgendwo ihren Schmerz ausweinen möchten, gibt es zu allen Zeiten. Die Pieta ist eine willkommene Leidensgefährtin.

So folgt die Verehrung der Schmerzensmutter einer alten Tradition, die bis zum heutigen Tag nicht abgerissen ist. Blumen und brennende Kerzen vor ihrem Bild zeugen davon.

Wenn wir von kleinen, zum Teil heute fast vergessenen Wallfahrtsstätten (Stamberg bei Tauberbischofsheim, Großenbergkapelle bei Mellrichstadt. Liebfraubrunn bei Werbach) oder auch von Maria Limbach, wo die Pieta das zweite Gnadenbild darstellt, absehen wollen, so bleibt dennoch eine ganze Reihe zum größten Teil heute noch bekannter Pieta-Gnadenstätten.

Bei den Kreuzwallfahrten war es einfach, gewisse Schwerpunkte herauszustellen, ebenso einfach wird es bei den Mariahilf-Wallfahrten sein. Bei den Pieta-Wallfahrten wäre es ein hoffnungsloses Unterfangen. Abgesehen von der bereits erwähnten Tatsache, daß nahezu jede Kirche eine Pieta besitzt, gibt es so viele Wallfahrten zur Schmerzensmutter, daß es schwerfällt, die eine oder andere vorzuziehen.

Soll man Maria Buchen, Dettelbach oder Laudenbach hervorheben, oder wäre Hessenthal, der Volkersberg oder Schmerlenbach interessanter? Einen gewissen Schwerpunkt mag man wohl darin sehen, daß es vielleicht in Mainfranken mehr Pieta-Darstellungen gibt als in den anderen fränkischen Gebieten.

Man kann rein zeitlich die Scheuerfelder Pieta an den Anfang stellen, aber der Versuch, bei der zeitlichen Reihenfolge zu bleiben, muß schnell scheitern; denn zu umstritten sind die Datierungen der oft bäuerlichen Gnadenbilder.

Die Schmerzensmutter von Scheuerfeld

Das Vesperbild, das einstmals in der Kirche zu Scheuer-feld verehrt wurde, gehört heute zur Kunstsammlung der Veste Coburg. Wenn es trotzdem hier mit aufge-führt wird, dann wegen seiner Bedeutung und seiner Einmaligkeit. Die Pieta stammt aus der Mitte des 14. Jahrhunderts. Trotz der starken Beschädigungen hat sie nichts von ihrer Eindringlichkeit eingebüßt. Allein der Kopf Mariens und Kopf und Kopfhaltung Christi vermögen zu erschüttern. An »edle Formen« hat der Künstler gewiß keinen Augenblick gedacht. Sie müssen sich seinem starken Ausdruckswillen unterordnen. Im Gegenteil, die harte Aussage wird durch die Schlicht-heit der Formen unterstrichen. Die nordischen Künst-ler – sie blieben alle namenlos – haben viele Möglichkei-ten gefunden, das Thema zum Inbegriff des Leidens werden zu lassen und zu zeigen, wieviel Schmerz für uns ertragen wurde. Der Betrachter wird in die Lage Mariens versetzt. Eine Mutter hat den toten Sohn auf dem Schoß, sie hat miterlebt, wie er erniedrigt wurde, wie man ihn schlug und verhöhnte. So entstehen Bilder, vor denen der unglückliche, leidgeprüfte Mensch Trost findet, weil er hier mit oft sehr drastisch gezeigtem weit größerem Leid konfrontiert wird. Die Realität dieser Darstellungen steigert sich oftmals bis zum Unerträgli-chen: aus den riesigen Wundmalen Christi tropft z.B. bündelweise dickes Blut. Ja, man geht noch weiter: in Schmerlenbach quellen statt Blut rote Trauben aus den Wunden.

Die Schmerzensmutter kann man sich aus der Kreuz-abnahme entstanden denken, wobei sich die Gestalt Mariens mit dem Leichnam im Laufe der Zeit immer mehr verselbständigte und seit dem 13. Jahrhundert zum Andachtsbild wurde.

In Scheuerfeld wurde sie zum Ausdruck eines bis ans äußerste grenzenden Darstellung des Schmerzes und des Leids, das zu ertragen die Kräfte des Menschen ebenso bis zum äußersten fordert, ja sie überfordert.

»Der Kopf Mariens und Kopf und Kopfhaltung Christi vermögen zu erschüttern.«

Der trutzige Turm ist der älteste Teil der Maria-Hilf-Kirche auf dem Berg über Amberg.

Die Pieta-Wallfahrten

Maria Sondheim in Arnstein

Wer von Karlstadt aus nach Arnstein kommt, findet zuerst die im Friedhof liegende Wallfahrtskirche Maria Sondheim, nahe dem linken Ufer der Wern. Sie lag einst noch außerhalb der Mauern des Ortes. Diese »Pfarrkirche auf dem Gottesacker« besitzt eine Pieta von 1470 als »Rosenkranzmadonna«. In einer Seitenkapelle steht auf einem neugotischen Altar das heutige spätgotische Gnadenbild der Schmerzensmutter. Ob es immer schon Wallfahrtsziel war, wird bezweifelt. Die Nachrichten über eine Wallfahrt stammen alle erst aus dem 19. Jahrhundert, und erst in diesem Jahrhundert wurde sie vom damaligen Pfarrer stark gefördert. Nach dem Zweiten Weltkrieg nahm sie neuen Aufschwung. Die Bruderschaft dürfte schon lange bestehen. Der Seesieg von Lepanto – ein Deckenfresko der Kirche verherrlicht das Ereignis – war wohl der Anlaß, eine Rosenkranzbruderschaft zu gründen. Mitte des 17. Jahrhunderts wurde sie erneuert. Maria Sondheim war zugleich Übernachtungsplatz der Würzburger Kreuzbruderschaft auf ihrem Wallfahrtsweg zum Kreuzberg.

Maria Buchen

Maria Buchen liegt mitten im Wald in der Nähe von Lohr. Die Wallfahrt zur Pieta von Maria Buchen begann 1395. Unter Julius Echter wurde anstelle der Kapelle eine Kirche errichtet. Der Fundort des Bildes »in einer Buche« soll dem Platz den Namen gegeben haben, er kann aber auch von der Lage inmitten eines Buchenwaldes herrühren. 1726 kamen die Kapuziner nach Maria Buchen, dort blieben sie trotz Säkularisation bis heute. Zahlreiche Votivtafeln zeugen von der Beliebtheit dieser Wallfahrt.

Maria Buchen ist eine der besuchtesten unter den 50 Marienwallfahrtsorten des Bistums Würzburg.
Weitere Wallfahrten, die den Baum als Beginn in der Legende haben, sind unter anderen Arnshausen (Derzenbrunn), Glosberg, Greßhausen, Obernau.

Die ursprüngliche Anlage von Maria Buchen auf einem Gebetszettel des 19. Jahrhunderts.

Maria im Sand bei Dettelbach

Die Wallfahrt zu »Maria im Sand« führte zu einer Bildstock-Pieta, die heute noch als Gnadenbild in der Kirche auf dem Hügel bei Dettelbach verehrt wird. Johannes Trithemius, der gelehrte Abt des Schottenklosters St. Jakob in Würzburg, hatte bereits 1511 im Auftrag des Rats der Stadt Dettelbach eine Beschreibung der Wallfahrt zu »Maria im Sand« angefertigt, nachdem im Jahr 1504 ein Wunder vorausgegangen war.

Im 17. Jahrhundert wurde Dettelbach der von Bischof Julius Echter stark geförderte Diözesanwallfahrtsort. Grundlage der geistigen Erneuerung bildete die Schrift des Würzburger Weihbischofs Eucharius Sang, die 1607 erschien.

Die Wallfahrt steht heute noch in voller Blüte, besonders im Mai treffen die traditionellen Gemeinde- und Bruderschaftswallfahrten ein, von denen es, wie Josef Dünninger berichtet, noch über hundert gibt.

Das Pieta-Gnadenbild in Dieburg

Seit 1491 haben wir gesicherte Nachrichten von diesem heute bedeutenden Wallfahrtsort, zu dem der ehemalige mainzische Teil der Diözese Würzburg (Freigericht, Aschaffenburger und Miltenberger Raum, Bayerischer Odenwald [Kirchzell]) und Teile des Spessarts wallen.

Die Kirche liegt im aufgelösten Friedhof der hessischen Kreisstadt Dieburg (östlich Darmstadt).

Von der heutigen Beliebtheit der Wallfahrt spricht die große Freianlage mit Altar eine beredte Sprache. Die Kirche steht im Mittelpunkt einer früheren römischen Siedlung. Sie dürfte schon in vorkarolingischer Zeit eine Vorläuferin, eine Basilika, gehabt haben. Im 8. Jahrhundert war sie die Pfarrkirche für 14 Gemeinden.

1216 brannte sie ab. Beim Neubau entstand aus den Resten des alten Glockenturms eine kleine Marienkapelle, die 1232 eingeweiht wurde. Der Glockenturm der neuen großen Kirche kam an die Westseite.

Seit 1569, als der Erzbischof die bisherige Minoritenkirche zur Pfarrkirche bestimmte, ist die Marienkirche bis heute vielbesuchte Wallfahrtskirche, die in den letzten Jahren eine umfassende Renovierung erfuhr. Im 17. Jahrhundert war sie vergrößert worden. 1697 bekam das Gnadenbild eine neue Marienkapelle, 1759 wurde das ganze Innere der Kirche barock umgestaltet. Der Freialtar an der Nordseite des Baues entstand 1929. 1948 wurde der alte Friedhof, der die Kirche bis dahin umgab, aufgegeben und dafür die Stationen der sieben Schmerzen Mariens als Rundgang rings um den großen Platz errichtet.

Das Gnadenbild entstand um 1420, als eine jener Plastiken, die die Schmerzen von Mutter und Sohn drastisch darstellen. Diese Pieta ist nicht, wie es zunächst den Anschein hat, holzgeschnitzt, sondern aus Leder, Leinwand und Leim zu einer festen Form gepreßt und dann farbig gefaßt, wobei besonders die Wundmale und das Blut herausgestellt sind. Die letzte Restaurierung erfuhr sie 1963.

Die Reformation brachte die Wallfahrt nicht ganz zum Erliegen. Nach dem Dreißigjährigen Krieg nahm sie neuen Aufschwung, eine Frucht der Bemühungen des Pfarrers Johann Caspar Diemer (Ablaß). Seit 1650 waren die Kapuziner in Dieburg, und 1690 übernahmen sie die Betreuung der Wallfahrt bis zur Säkularisation.

Das Gnadenbild von Eckartshausen

Bei Werneck, an der Autobahnausfahrt Schweinfurt-Werneck, liegt Eckartshausen. In der spätgotischen

WALLFAHRTEN ZUR SCHMERZENSMUTTER

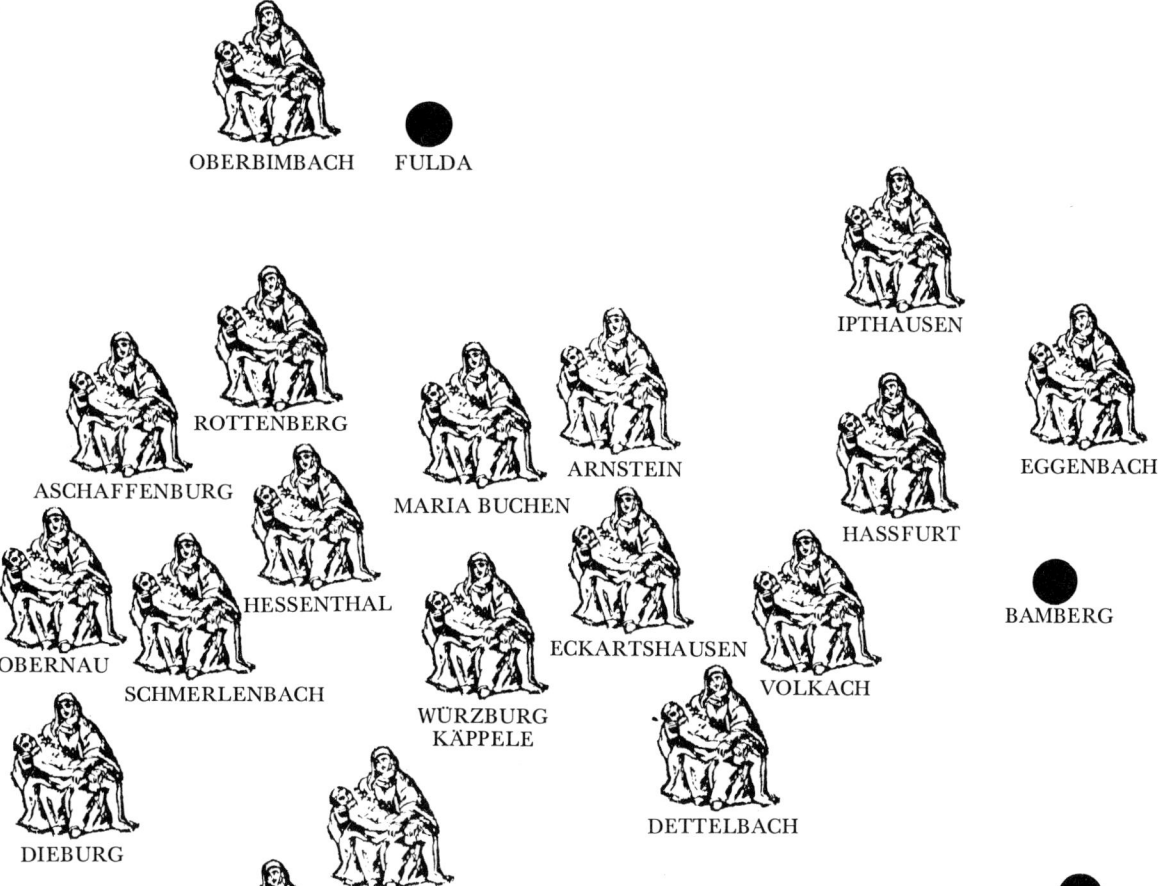

OBERBIMBACH   FULDA

ROTTENBERG

ASCHAFFENBURG   MARIA BUCHEN   ARNSTEIN

HESSENTHAL

OBERNAU   ECKARTSHAUSEN

SCHMERLENBACH

IPTHAUSEN

EGGENBACH

HASSFURT

BAMBERG

WÜRZBURG
KÄPPELE

VOLKACH

DETTELBACH

DIEBURG

LAUDENBACH

NEUSASS

NÜRNBERG

HAGENHAUSEN

MAUERN   EICHSTÄTT

Dorfkirche wird am rechten Seitenaltar ein Vesperbild aus dem 15. Jahrhundert verehrt. Auch hier heißt es, daß das Gnadenbild zunächst in einem Baum stand. Votivbilder rechts neben dem Altar erzählen von Gebetserhörungen. Eckartshausen ist heute die Wallfahrt der benachbarten Dörfer. Sieben Schmerzen Mariens, Heimsuchung und Kreuzerhöhung (der Bruderschaft) waren Wallfahrtstage.

Maria zu Eggenbach

Zwischen Ebern und Staffelstein bei Eggenbach im Itzgrund liegt auf einer Anhöhe die kleine Kirche, in der eine Pieta, im Volksmund »Mariahilf« genannt, verehrt wird. Sicher gab es diese Kirche schon im Dreißigjährigen Krieg, allerdings als Bretterhütte. 1579 wurde daraus eine Feldkapelle und 1710 eine Kirche. Eine Einsiedelei mit einem Franziskaner-Eremiten kam hinzu.

Hagenhausen bei Altdorf
(eine Filialkirche von Gnadenberg)

Das Gnadenbild: Maria, die den steil aufgerichteten Körper Christi hält, hat ein langes Schwert in der Brust.

Die Pieta der Ritterkapelle zu Haßfurt

Die Pieta der Ritterkapelle in Haßfurt steht »am Beginn der dann so reich sich entfaltenden Wallfahrtsbewegung zur schmerzhaften Maria, die in dem Würzburger Käppele ihren Ausklang hat« (J. Dünninger).
Diese eigenwillige Pieta, für die es kein Vorbild gibt, stammt noch aus der gotischen Bauzeit der Kapelle. Ihre Verehrung hat die bemerkenswerte, turmlose, sogenannte Ritterkapelle als eines der Wahrzeichen Haßfurts entstehen lassen und war wohl über 300 Jahre lang Mittelpunkt einer »Priesterbruderschaft«, zu der auch Laien beiderlei Geschlechts, vor allem des Adels, zählten. Wappenreihen erhalten die Erinnerung daran. Bis zu 1000 Ritter sollen an Festtagen prunkvoll von der Stadtkirche zur Ritterkapelle gezogen sein. Im 16. Jahrhundert kam ein zweites Gnadenbild, wieder eine Pieta, hinzu. Das alte wurde im Laufe der Jahrhunderte an verschiedenen Stellen der Kirche angebracht, blieb aber weiter Mittelpunkt einer Verehrung. Die Wallfahrt blühte im 17. Jahrhundert nochmals auf, ist aber heute erloschen.

Das Vesperbild von Hessenthal

Die alte gotische Kirche in Hessenthal, die Grablege derer von Echter-Mespelbrunn, wurde nach dem letzten Krieg modern erweitert. In der Gnadenkapelle von 1454 war die gotische, sehr schlichte Pieta in einem barocken Altar Mittelpunkt einer Wallfahrt, die jahrhundertelang Hessenthal zum Zentrum des Spessarts werden ließ. Die alten Votivtafeln wurden im 19. Jahrhundert entfernt. Inzwischen sind neue an deren Stelle getreten, denn immer noch kommt man dreimal im Jahr nach Hessenthal, vor allem an Mariä Himmelfahrt. Man darf es wohl dieser Pieta zuschreiben, daß die Echter hier ihre Familienmitglieder begruben, und sicher war die Wallfahrt auch die Ursache für den Ausbau des Kirchhügels zu einer Wehrkirchenanlage.

Maria Buchen (nach der Restaurierung der Außenanlage), in einer Lichtung inmitten des Waldes gelegen.

Schmerzensmutter zu Laudenbach

Die Wallfahrt nach Laudenbach wird zwar schon vom Schottenabt Johannes Trithemius zusammen mit der Beschreibung der Dettelbacher erwähnt, aber erst Julius Echter belebte die Wallfahrt, nachdem Laudenbach wieder katholisch geworden war. Trotz aller Bemühungen erreichte sie bis zum heutigen Tag nur lokale Bedeutung, obwohl der Deutschorden in Mergentheim sich nicht scheute, zugunsten von Laudenbach sogar die Wallfahrt nach Walldürn bei Strafe zu verbieten. Diese Bergkirche steht hoch über Laudenbach im Wald. Das aus der Zeit um 1500 stammende Gnadenbild befindet sich im neugotischen Hochaltar. Votivtafeln und Hufeisen sprechen ebenso von einstiger Beliebtheit wie die Größe der Kirche. Als das Gebiet an Hohenlohe fiel, wurde eine Seitenkapelle der Kirche Grablege derer von Hohenlohe.

Laudenbach ist der Wallfahrtsort von Württembergisch-Franken und nicht zuletzt der Kurgäste von Bad Mergentheim.

Silber- und Goldmünzen, die Weihnachten 1978 zugunsten der Renovierung der Wallfahrtsstätte geprägt wurden.

Neusaß bei Schöntal

Die alte Klostersiedlung Neusaß liegt auf den Höhen über dem Jagsttal. Um 1150 hat Wolfram von Bebenburg das Zisterzienserkloster gegründet und Mönche aus Maulbronn geholt. Sieben Jahre später bestätigt der Würzburger Bischof die Neugründung. Die Mönche zogen aber noch zu Lebzeiten des Stifters nach Schöntal. Was blieb, ist die Marienkirche, die bald eine beliebte Wallfahrt wurde. Ihre Blütezeit erlebte sie im 14. Jahrhundert. Auch die Hussitengefahr 1431 brachte erneut Pilger.

Die am Hochaltar verehrte Pieta stammt aber aus dem Jahr 1600. 1667 wurde die Kirche vergrößert. Seit 1700 besteht eine Rosenkranzbruderschaft. Bei der Säkularisation kam die Kapelle, die bisher dem Bischof von Würzburg unterstand, an Württemberg. Damals war der Tiefpunkt der Wallfahrt erreicht. Als 1893 der neue Kreuzweg dazukam, hatte die Wallfahrt schon wieder guten Zuspruch.

Wallfahrtstage sind alle Samstage, der Schmerzensfreitag in der Fastenzeit und Mariä Heimsuchung.

Zur schmerzhaften Mutter von Mauern

Mauern liegt der großen Kreuzwallfahrt Bergen benachbart. Die dortige Filialkirche wurde 1366 Maria geweiht. Das Gnadenbild ist eine Pieta. Die Wallfahrt scheint aber erst im 18. Jahrhundert entstanden und inzwischen erloschen zu sein.

▷

Dettelbach, Wallfahrtskirche Maria im Sand vor den Toren der Stadt.

FRÄNKISCHE PIETA-GNADENBILDER

Bei der Marien-Bergkirche

O liebste Kirche sondergleichen,
auf deinem Berge ganz allein,
im Wald, wo Linden zwischen Eichen
ums Chor den Maienschatten streun.

Aus deinem grünen Rasen steigen
die alten Pfeiler kräftig auf,
an Drachen, Greifen, Laubgezweigen
reich bis zum letzten Blumenknauf.

Und Nachtigall und Kuckuck freuen
sich dein und ihrer Einsamkeit,
sie kommen jährlich und erneuern
dir deine erste Frühlingszeit.

Der Wohllaut deiner Orgeltöne
schläft, ach, manch lieben langen Tag,
bis einmal sich dein Tal der Schöne
deines Geläutes freuen mag.

Dort, wo aus gelbem Stein gewunden,
die Treppe hängt, ein Blumenkranz,
vertieft sich heut in Abendstunden
mein Sinn in ihre Zierde ganz.

Sieh, ihre leichtgeschlungenen Glieder
verklären sich in rotes Gold.
Und horch, die Spindel auf und nieder
geh'n Melodien wunderhold.

Musik der hundertfachen Flöte, die mit dem
letzten Strahl verschwebt
und schweigt, bis sie die Morgenröte
des gleichen Tages neu belebt.

Eduard Mörike
(aus seiner Bad Mergentheimer Zeit)

Pieta-Gnadenbilder sind vor allem in Unterfranken sehr zahlreich.

Dettelbach, die Diözesanwallfahrt ging aus einem Bildstock hervor.

Maria Limbach, das Gnadenbild.

Würzburg, Käppele, die Pieta ist ebenfalls aus einem Bildstock hervorgegangen.

Lauterbach, Wallfahrtskirche am Berg, das alte Gnadenbild in einem neugotischen Hochaltar.

Schmerlenbach, nach der Renovierung befindet sich das Gnadenbild jetzt am Hochaltar.

Hessenthal, die alte kleine Wallfahrtskapelle neben der neuen modernen Kirche mit der Grablege der Echter von Mespelbrunn.

Ipthausen, die kleine Pieta auf der rechten Seite ist das verehrte Gnadenbild.

Eckartshausen, das Gnadenbild auf dem rechten Seitenaltar.

Haßfurt, die verehrte Pieta aus der Ritterkapelle.

Die Schnepfenkapelle bei Oberbimbach

Bei Oberbimbach im Fuldaischen (bei Bad Salzuflen) liegt der Schnepfenhof, und daneben steht die kleine Wallfahrtskapelle zur schmerzhaften Mutter, ein schlichter Bau aus dem Jahre 1775. Das Gnadenbild ist ein kleines spätgotisches Vesperbild: ein großes Schwert steckt Maria in der Brust.

Die Kapelle besitzt unter anderem ein kleines Retabel mit den Holzfigürchen der Vierzehn Nothelfer. In Oberbimbach selbst findet sich ein Bildstock von 1790 mit den Vierzehn Nothelfern.

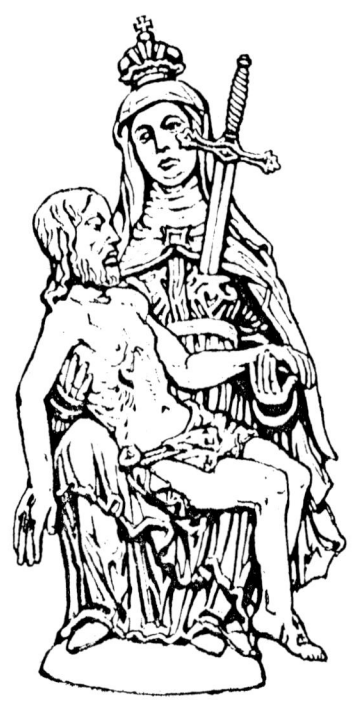

Schmerzensmutter in der Schnepfenkapelle bei Oberbimbach.

Mariä Frieden in Obernau

Die kleine Kapelle »Mariä Frieden« steht auf einer Anhöhe zwischen Obernau und Aschaffenburg im Wald. Die Sage läßt die kleine Pieta in einer Buche gefunden sein und verbindet sie mit einer Sühne für Feiertagsschändung durch Arbeit.

Das Gnadenbild ist eine Ton-Pieta. Dieses Material findet man bis in den Odenwald hinein. Wertheim (Heimatmuseum) besitzt eine kleine, Külsheim (als Hausmadonna) eine große, sowie auch Königheim. Eine weitere Keramik-Pieta ist im Stadtmuseum Bamberg zu finden. Sie stammt aus Schlüsselau. Sie soll im 15. Jahrhundert entstanden sein. Soweit Maria eine Krone trägt, ist diese aus Holz und wahrscheinlich später dazugekommen.

Mariä Frieden ist das Heiligtum der Umgegend, die an Marienfesten auch Prozessionen dorthin durchführt. Das alte Heiligenhäuschen von 1712 bildet jetzt den Chor der Kapelle.

Die Pieta-Kapelle bei Rottenberg

Die kleine Kapelle zwischen Rottenberg und Sailauf (in der Gegend von Aschaffenburg) wurde aufgrund eines Pestgelübdes gebaut. Die Überlebenden haben sie errichtet. Später soll hier auch eine Einsiedelei gewesen sein. Während des Dreißigjährigen Krieges, erzählt die Tradition, sei an dieser Stelle der Bürgermeister von Rottenberg aus schwedischer Gefangenschaft ausgelöst worden. Der heutige Bau stammt aus dem Jahre 1785.

▷

Die Muttergottes von Schmerlenbach nach der Restaurierung in ihrer neuen Aufstellung im Hochaltar der alten Klosterkirche.

PIETA-BILDSTÖCKE

Es ist schwer, die mannigfaltigen Formen bestimmten Gnadenbildern zuzuweisen. Zu sehr weichen auch die von ihren Vorbildern ab, die namentlich bezeichnet sind.

Von links nach rechts:

Bildstock vor der neuen Pfarrkirche in Saal an der Saale: Die Pieta ist eine recht getreue Kopie der Pieta in der Sakramentskrypta im Neumünster in Würzburg.

Doppelseitiger Bildstock am Platz vor der Kirche in Sulzfeld von 1679.

Bildstock von 1781 am Ortsausgang von Steinbach (Tauberkreis). Die Pieta ist eine Kopie der Gnadenmutter von Liebfraubrunn bei Werbach.

Die Pieta des Bildstocks neben St. Michael in Fulda zeigt gewisse Ähnlichkeiten mit der Dettelbacher Gnadenmutter.

Die Pieta des doppelseitigen Bildstockes von 1726 in Großbardorf findet man sehr ähnlich in Distelhausen wieder.

Der vierseitige Bildstock in Oberscheinfeld zeigt die gleiche Pieta wie der in Saal (Neumünster-Pieta).

50

Muttergottes von Schmerlenbach

In Franken gibt es eine Redewendung: »Ein Gesicht machen wie die Muttergottes von Schmerlenbach.« Es gibt sie wirklich, diese »Muttergottes von Schmerlenbach«.

Die in Schmerlenbach verehrte Pieta trägt alle Zeichen des Schmerzes aus der Zeit um 1400. Trotzdem wurde sie früher mit 1518 datiert, weil diese Zahl im Sockel stand. Erst seit der Restaurierung der kleinen Holzplastik anläßlich der 750-Jahr-Feier des Benediktinerklosters Schmerlenbach wird die Jahrzahl 1380 für richtig erachtet, wie Elisabeth Roth berichtet.

Die Wallfahrt zum benachbarten Hessenthal hat Schmerlenbach wohl etwas überflügelt. Es war kaum mehr bekannt und wurde erst jetzt wieder durch die Jubiläumsfeier neu belebt.

Maria in den Weingärten bei Volkach

Die Wallfahrtskirche auf dem Kirchberg bei Volkach ist im wesentlichen von 1450 bis 1500 entstanden. Sie birgt eine Reihe bedeutender Kunstwerke, wie z.B. Riemenschneiders Madonna im Rosenkranz. Sie wurde für die neue Kirche bestellt und zwischen 1521 und 1524 vom Meister geschaffen.

Das Gnadenbild jedoch ist eine kleine, fast unscheinbare Pieta-Holzplastik aus dem 14. Jahrhundert. Stifter dieser Plastik war eine mittelalterliche Marienbruderschaft. Offensichtlich enthielt diese Pieta früher eine Reliquie. Eine kreisrunde Öffnung in der Brust der Mutter deutet darauf hin.

Auch heute ist Maria in den Weingärten, unlängst restauriert, ein vielbesuchter Wallfahrtsort in Franken.

Das Käppele in Würzburg

Die Verehrung begann 1640 mit einem Pieta-Bildstock. Die inzwischen errichtete Kapelle mußte immer wieder erweitert werden. 1747 begann Balthasar Neumann mit dem Bau der neuen Anlage, zu der er bereits 1737 die ersten Pläne geliefert hatte. Die Kreuzwegtreppe wurde erst acht Jahre nach Neumanns Tod in Angriff genommen.

Die Betreuung dieser Marienwallfahrt wurde unter Anselm Franz von Ingelheim den Kapuzinern übertragen. Durch die Säkularisation unterbrochen, zogen erst 1836 wieder Kapuziner im Hospiz neben dem Käppele ein.

Das Käppele ist der Würzburger liebstes Kind und wird jetzt nach seiner umfassenden Restauration auch wieder wie eh und je von weither besucht. Neuerdings sind gewaltige Stützungsarbeiten erforderlich, um den Berg vor dem Abrutschen zu bewahren.

Die Ausstrahlung

Es macht sicher nicht allein die Zahl der größeren und kleineren Gnadenstätten, es liegt wohl auch am Motiv, wie eingangs dargestellt wurde, daß man die Pieta in fast jeder Kirche, und sei es irgendwo in einem stillen Winkel, findet. Man findet sie aber auch an Hauswänden, auf Bildstöcken, in Heiligenhäuschen, Mauernischen und Kapellen. Gar mancher Bildstock macht durch seine Inschrift deutlich, welche Wallfahrt da gemeint ist, und sei es, wie oben erwähnt, ein Bildstock in der Rhön, der sich ausdrücklich auf Maria Taferl in Österreich beruft.

Neben der Immaculata dürfte die Pieta das beliebteste fränkische Motiv sein.

Das Heilige Grab

»Die größte archäologische Kostbarkeit« Eichstätts ist das Heilige Grab in der Kapuzinerkirche. Wir wissen heute, daß es wohl die genaueste Nachbildung – um ein Fünftel verkleinert – des Heiligen Grabes in Jerusalem und zugleich die älteste ist. Dompropst Walbrunn soll eine Kreuzpartikel aus dem Heiligen Land mitgebracht haben. Für sie ließ er die Heilig-Grab-Kirche bauen. Fast überall war eine Reliquie aus dem Heiligen Land Anstoß zum Bau eines solchen Heiligen Grabes. Zugleich erfüllte man sich den Wunsch, am Grab Christi knien zu können – und durch die Reliquie möglichst nahe –, was sonst nur in Jerusalem durchführbar war. Man hat deshalb dieses Grab in die Heimat übertragen und einen Stein aus Jerusalem, eine Kreuzpartikel, ein Stück Dornenkrone mit in den Bau genommen, um so die Gegenwart Christi enger zu empfinden.

Das Heilige Grab in *Eichstätt* – und damit zugleich das mittelalterliche in Jerusalem – besteht aus einem glatten, nahezu würfelförmigen Körper und einem daran anliegenden gleichhohen halbrunden Bauelement, mit großen, tiefen Blendarkaden, heute die Schauseite. Oben läuft eine Galerie um den Baukörper, in dessen Mitte eine Art Ciborium hochragt, unter dem ein Kreuz steht. Im Innern kommt zunächst ein Vorraum mit dem sogenannten Engelstein, der wohl auch als Altar gedient hat. Daran schließt sich die enge, zweiteilige Grabkammer an. Ein Gitter vor der Grabbank läßt den Blick auf die Holzfigur des Leichnams Christi frei. Dieses Heilige Grab ist vor 1166 – dem Todesjahr des Stifters – gebaut worden und, wie man annimmt, im Anschluß an den Kreuzzug vom Jahre 1147. Ein Holzschnitt vom Jerusalemer Bau von 1483 zeigt weitgehende Übereinstimmung mit dem Eichstätter Bauwerk. Ein Bericht von Jerusalemfahrern (die Nürnberger Sebald Ritter und Hans Tucher) von 1493 bestätigt es nochmals ausdrücklich.

Damit besitzt Eichstätt das Heilige Grab, das wahrscheinlich am besten den alten Bau in Jerusalem wiedergibt. Die Geschichte zeigt, daß das gar nicht so einfach beurteilt werden kann.

Kaiser Konstantin ließ auf Golgata einen Zentralbau errichten und eine Grabeskirche, die 336 eingeweiht wurde. Diesen Bau haben 614 die Perser vernichtet. Zwischen 631 und 634 wurde er in der gleichen Art wiederhergestellt, wie es in Berichten heißt, »notdürftig«. Das läßt vermuten, daß er dem ursprünglichen Bau entsprach. Auch diese Kirche wurde 1010 unter Kalif Hakim zerstört, aber 1048 auf dem alten Grundriß wiederaufgebaut. Im Laufe des 12. Jahrhunderts wurde die Grabkirche von den Kreuzfahrern ausgebaut, danach noch mehrfach umgebaut und 1802 sogar barockisiert.

Die Grabeskapelle in Jerusalem nach Bernhard von Breydenbach von 1483.

Within the image banner: *Hec est disposinio et figura templi dmti sepulchri abextra*

Bottom of image: *Ante templu sepulchri dm locaty, e lapis iste sup quo xpg ceuce baintas ceci dit*

»Der Heilige Tempel, darin das Grab Christi ist« (aus dem 16. Jahrhundert).

Das Heilige Grab in der Kapuzinerkirche zu Eichstätt.

Dompropst Walbrunn hat also doch den dritten, wenigstens im Grundriß unveränderten Bau kennengelernt.

Ein Holzschnitt von Bernhard Breidenbach aus dem Jahr 1483 muß demnach den vierten Bau wiedergeben, den die beiden Nürnberger gesehen haben müssen. Nach all dem ist das Eichstätter Heilige Grab dem Jerusalemer von allen uns bekannten am ähnlichsten.

Wenn wir uns die anderen fränkischen Heiligen Gräber ansehen, so haben sie alle an einem Zentralbau festgehalten, ja sogar am »Würfel« mit halbkreisförmigem Anhang, aber keines annähernd so genau wie Eichstätt. In Eichstätt muß man recht gute Vorlagen, ja Risse gehabt haben.

Alle aber besaßen Reliquien aus dem Heiligen Land, und alle waren wohl mit Ablässen ausgestattet.

Wir wissen es zwar nicht, jedoch darf man vermuten, daß sie meist nur von einzelnen Pilgern aufgesucht wurden und weniger von Prozessionen, wobei die rein örtlichen, die von der Grabeskirche durchgeführten, nicht mitgerechnet werden können.

Die Stadt *Nürnberg* besaß nicht weniger als drei Heilige Gräber. Die Heilig-Grab-Kapelle bei St. Lorenz, die an der Stelle der heutigen St.-Lorenz-Kirche stand. Eine zweite Heilig-Grab-Kapelle wurde im Anschluß an eine Wallfahrt nach Jerusalem auf der Insel Schütt neben dem Norisstift erstellt. Sie entstand nach der Wallfahrt im Jahre 1459, die der Stifter Georg Ketzel in Begleitung des Kurfürsten Friedrich II. unternommen hatte. Die dritte Heilig-Grab-Kapelle ist die spätere Holzschuher-Kapelle auf dem Johannesfriedhof.

Fulda besaß ein Heiliges Grab – vermutlich einen Rundbau – in der heutigen Michaelskirche.

Auch *Hof* hatte um 1509 über der Saale am Fuß des Eichelberges ein Heiliges Grab. Es soll aber schon im Jahre 1553 Opfer eines Krieges geworden sein.

Bamberg hat heute noch eine Heilig-Grab-Kirche (im Bahnhofsviertel), beim Dominikanerinnenkloster zum Heiligen Grab, die allerdings in keiner Weise an die bekannte Form erinnert. Die Kirche wurde 1355 vom Bamberger Patrizier Franz Münzmeister nach einer Jerusalem-Wallfahrt gestiftet. Sie steht auf dem Platz, der schon vorher als Grab Christi galt, weil hier eine Hostie vergraben worden war.

Die jüngste Heilig-Grab-Kapelle besitzt *Velburg* auf dem Kreuzberg. Zwei Eremiten haben die Rundkapelle 1730 errichtet. Sie war ursprünglich mit einer sechzehnbogigen Blendarkade – wie Eichstätt – geschmückt. In ihrem Innern liegt der Leichnam Christi auf einer Holzbank. Heute ist sie Teil der Herz-Jesu-Kirche, die angebaut wurde.

Auch *Neumarkt* hat eine Heilig-Grab-Kapelle.

Ereignisse, die im Zusammenhang mit einer geweihten Hostie standen, konnten zu einer Heilig-Grab- oder Heilig-Blut-Verehrung führen. In Bamberg wurde die im Acker gefundene Hostie zum »Heiligen Grab«, in Iphofen führte ein Hostienfrevel zum Bau der »Heilig-Blut-Kapelle«. In Lauda, siehe Inschrift, trug eine Kapelle beide Namen.

Mariahilf

Mariahilf-Bilder findet man natürlich überall in ganz Franken auf Altären, in Kapellen, an Bildstöcken, an Hauswänden. Aber am östlichen Rand von Franken gibt es zwei Zentren, die Mittelpunkt einer Reihe weiterer Gnadenstätten wurden: Amberg und Schwandorf. Es wird sich zeigen, daß dies nicht unbedingt mit der größeren Nähe zu Passau in Zusammenhang gebracht werden kann.

Bamberg und Bad Mergentheim hatten wohl früher eine ähnliche Zentralstellung wie die erstgenannten, wobei Bambergs Wunderburg heute vornehmlich Pfarrkirche ist und Mergentheim nur noch örtliche Bedeutung besitzt.

Bevor wir aber die wichtigsten Mariahilf-Wallfahrten betrachten, muß etwas über den Ursprung dieses Bildes gesagt werden.

Das Mariahilf-Bild von Lukas Cranach

Der 1474 in Kronach geborene Lukas Cranach stand in seinen späteren Jahren in den Diensten des Kurfürsten Johann Friedrich des Großmütigen von Sachsen. Damals hatte er ein Madonnenbild gemalt, das als einziges von den 120 in seinem Leben gemalten nicht nur berühmt, sondern Gnaden- und Wallfahrtsbild werden sollte. Dieses Bild, das er 1537 geschaffen hat, kam in die Kunstkammer des Kurfürsten Johann Georg von Sachsen.

Im Jahre 1611 war Fürstbischof Leopold von Passau beim sächsischen Kurfürsten zu Besuch. Der Fürstbischof, österreichischer Erzherzog und Bruder Kaiser Ferdinands II., erhielt als Gastgeschenk das kleine Gemälde aus der kurfürstlichen Galerie und ließ es in der Hofkapelle seiner Passauer Residenz aufstellen. 1619 nahm Erzherzog Leopold V., der inzwischen Landesfürst von Tirol geworden war, das Bild mit in die Hof-

burg seiner Vaterstadt Innsbruck. Die Innsbrucker erbaten es sich nach seinem Tode 1626 für den Hochaltar ihrer Pfarrkirche St. Jakob, nachdem sie 1619 schon einmal darum ersucht hatten. Ihr Wunsch wurde aber erst 1650 erfüllt. Die verschiedenen Stiftungen für den Altar aus den Jahren 1729, 1742 und 1750 zeigen die ständige Verehrung.

In Passau aber hatte 1611 Domdekan Markward Freiherr von Schwendi das Muttergottesbild Cranachs kennengelernt und davon durch den Passauer Maler Pius eine auf 130 cm vergrößerte Kopie fertigen lassen. Diese Kopie hing zunächst in seiner Wohnung und kam erst 1622 in eine Holzkapelle auf dem Schulerberg. Nach der Legende wurde Freiherr von Schwendi von der Gottesmutter aufgefordert, das Bild zur öffentlichen Verehrung aufzustellen. Diese Kopie wurde – genau wie das Original – Ausgangspunkt einer wahrhaft weltweiten Verehrung.

Im Mariahilf-Bild sieht man heute allgemein eine freie Umsetzung des alten byzantinischen Muttergottestyps der Eleúsa (»Muttergottes des Erbarmens«), den Cranach in der Notre-Dame de Grâce persönlich kennengelernt hat. Wesentliches Merkmal dieses Typs ist: Das Kind wendet sich schutzsuchend und liebkosend an seine Mutter. Die Mutter birgt das Kind in ihren Armen; die ernst in die Ferne blickenden Augen verraten aber, daß sie um das zukünftige Schicksal Christi weiß und außerstande ist, es abzuwenden. In der Andeutung dieser Gedanken liegt ihre zwingende Kraft. Maria ist bereit, alles in ihrer Macht Stehende zu tun. Diese Macht ist aber eng mit ihrem Sohn verknüpft und mit dem Werk der Erlösung der Menschen. Seine Erfüllung steht über allen persönlichen Wünschen Bittender. Das Bild symbolisiert zugleich die Wechselbeziehung: Wie das Kind sich an die Mutter wendet, so wenden sich die Betenden an sie als ihre Mutter. Dieses Kind ist aber zugleich Gott, zu dem die Mutter die Bitten der Rufenden trägt.

So bietet die Mariahilf dem gläubigen Betrachter ein weitgestecktes Feld zu Meditationen. Wahrscheinlich muß darin die Kraft gesehen werden, die seine weltweite Verbreitung bewirkte.

Eine Darstellung des Amberger Gnadenbildes aus dem 19. Jahrhundert.

Der Sieg vor Wien

Daneben darf ein geschichtlich bedeutsames Ereignis nicht unterschätzt werden: die Belagerung von Wien und der Sieg über die Türken im Jahre 1692, der Mariens Hilfe zugeschrieben wird. In Mariens Namen hatte Marco d'Aviano das Entsatzheer für Wien in ganz Europa zusammengetrommelt. Der Kaiser und seine Gemahlin beteten täglich vor dem Mariahilf-Bild in Passau, dem Ort, an dem ihre Ehe geschlossen wurde, um Mariens Hilfe. Der Tag des Sieges, der 12. September, wurde vom Papst zur steten Erinnerung daran zum Fest Mariä Namen erhoben. Maria war um Schutz und Hilfe für das bedrohte Abendland angefleht worden. Durch den Sieg über die Türken erhielt Mariahilf abendländische Bedeutung. Dieses Ereignis fand auch in Franken seinen Niederschlag, obwohl Franken zu keiner Zeit weder mit dem Türkenkrieg noch mit der Wallfahrt nach Passau unmittelbar zu tun hatte. Immerhin haben aber Franken in den verschiedenen Heereskontingenten mitgekämpft.

Es ist bekannt, daß nach diesem Ereignis neue Mariahilf-Bilder in Franken gestiftet wurden, sowohl als Erinnerung an die Hilfe Mariens als auch, wie in Bischwind, anläßlich der glücklichen Heimkehr aus dem Türkenkrieg.

Aus der ganzen Geschichte dieses Bildes geht hervor, daß alle Mariahilf-Wallfahrten verhältnismäßig jung sein müssen. Als Julius Echter 1617 starb, kannte man bestenfalls in Passau dieses Bild. Es kann ohne Übertreibung gesagt werden, daß die Mariahilf-Verehrung zu Beginn des 18. Jahrhunderts in Franken geradezu eine Volksbewegung wurde, die an die Stelle der Pieta-Verehrung trat. Zweifellos trug dazu nicht unwesentlich bei, daß um diese Zeit viele neue Wallfahrten in Franken entstanden oder wieder aufblühten.

MARIAHILF-WALLFAHRTEN

● FULDA

BAD BRÜCKENAU

SCHWARZENBERG

BAMBERG
WUNDERBURG

FUCHSMÜHL

 WÜRZBURG

BAD MERGENTHEIM

ESCHENBACH

PRESSATH

GRAFENWÖHR
MARIAHILFBERG

● NÜRNBERG

AMBERG

NEUMARKT
MARIAHILFBERG

BERATZHAUSEN

SCHWANDORF
KREUZBERG

LAM
MARIAHILFBERG

EICHSTÄTT

Mariahilf-Gnadenstätten

Mariahilf-Berg in Amberg

Jenseits der Vils, am Rande von Amberg, liegt auf einem Ausläufer des Jura der schöne Barockbau Mariahilf mit den Kloster- und Pilgeranlagen.

1634 gelobten die Amberger, um die Pest abzuwehren, eine Marienkapelle. Sie wurde im stehengebliebenen Bergfried der Burgruine eingerichtet. Dieser befand sich in der unmittelbaren Umgebung der heutigen Kirche. Das Marienbild hatten die Jesuiten den Ambergern geschenkt. Die weitere Geschichte bestand aus Erweiterungen, Vergrößerungen, Anbauten. Zweifellos ist Amberg eine der ganz frühen Mariahilf-Verehrungsstätten, denn selbst in Passau hat Schwendi sein Bild erst 1622 auf den damals noch Schulerberg genannten Mariahilf-Berg bringen lassen.

Aber auch für Amberg gilt, was eingangs gesagt wurde: Der Sieg über die Türken vor Wien brachte den Durchbruch zur großen Wallfahrt. Das dokumentieren einige Daten: 1696 entsteht der Konvent der Franziskaner auf dem Berg. Bis dahin waren sie in ihrem Stadtkloster. 1696 werden die alten Baulichkeiten abgebrochen, und 1697 beginnt der Bau der heutigen Kirche. Genau genommen ist sie ein Werk des vielbeschäftigten Franziskanerbaumeisters Frater Philipp Plankh. Ob Johann Wolfgang Dientzenhofer am Plan beteiligt war, möge dahingestellt bleiben. Jedenfalls hätten dann Plankh und sein ausführender örtlicher Bauleiter, der Amberger Georg Peimbl (vulgo: Dackh), viel geändert, so waren z. B. ursprünglich zwei Türme vorgesehen. Der jetzige stand erst 1723. Die Stukkatur der Kirche stammt von keinem Geringeren als Giovanni Battista Carlone vom Luganer See; er hat auch den Altar für das Mariahilf-Bild geschaffen. Das Deckenfresko malte Kosmas Damian Asam. Es schildert in fünf Bildern die Geschichte der Wallfahrt, deren erstes im Altarraum mit einer Pestszene am Marktplatz von Amberg beginnt. Auf dem nächsten wird das Gnadenbild auf den Berg übertragen. Das dritte Bild erzählt die Rettung des Gnadenbildes beim Brand der Kapelle. Danach folgt die feierliche Weihe des Neubaus. Auf dem letzten Gemälde sieht man Pilger, die »durch den neuen Glanz ... des hehren Gotteshauses« angezogen werden.

In der Zeit von 1971 bis 1978 wurde das Gotteshaus umfassend restauriert. Nicht unwichtig dabei war die Befreiung des Gnadenbildes von dem Schmuckbehang, hinter dem es inzwischen halb verborgen war.

Da die zahlreichen Mariahilf-Kopien sich fast nur durch die Qualität der Arbeit unterscheiden, waren Kopien des Amberger Bildes leichter zu erkennen, weil es meist mit dem Schmuck oder doch zumindest mit der Krone kopiert wurde. Selbst im Münchner Raum finden sich Amberger Kopien, obwohl dort doch St. Peter als Sitz der Erzbruderschaft viel näher lag.

Es ist gewiß ein Verdienst der Franziskaner, daß der Mariahilf-Berg als bedeutendste Wallfahrtsstätte der Oberpfalz gilt.

Ein Kreuzweg führt auf den Berg, dessen letzte Station in einer Kapelle endet. Eine überdachte moderne Außenkanzel am Platz vor der Kirche zeigt deutlich, daß zu den Hauptfesten große Pilgerscharen erwartet werden.

Um Amberg liegt ein Kranz weiterer Mariahilf-Wallfahrtsorte: das benachbarte Grafenwöhr und sein Mariahilf-Berg, Eschenbach, Gebenbach, das herrliche Fuchsmühl und Premenreuth bei Weiden. Die zerklüftete Grenze zwischen den Bistümern Eichstätt und Regensburg erschwert jede Abgrenzung. Sie ist sicher nicht erforderlich, weil Wallfahrer auch dann die Grenzen mißachtet haben, wenn bischöfliche Ge- und Verbote ihre Wallfahrtsziele bestimmen wollten. Jedenfalls war Amberg ein Mariahilf-Zentrum.

Bamberg-Wunderburg

Im Stadtteil Wunderburg in Bamberg steht eine Mariahilf-Kirche an der Stelle, an der vor 950 Jahren – wie die Legende berichtet – der »rote Ritter« im dichten Wald sein wohlverdientes unrühmliches Ende gefunden hat. Er hatte die heilige Kunigunde, die Gemahlin Kaiser Heinrichs II., fälschlich des Ehebruchs mit einem Edelknaben bezichtigt.

Später – 1350 – baute Friedrich der Rotensteiner eine Burg an diesen Rand des »Hutmoors«. Ob deren Schönheit oder die späteren Wunder, die Maria zugeschrieben wurden, den Namen Wunderburg entstehen ließen, wer wollte das heute entscheiden. Aus der Burg des Rotensteiners wurde der »Koppenhof«, der das Gestüt des Fürstbischofs beherbergte. Im 17. Jahrhundert entstand daneben das sogenannte Koppenhofkirchlein als erstes Gotteshaus in diesem Stadtviertel. Diese Kirche besaß bereits das Mariahilf-Bild, wie ein Gemälde beweist, das sich heute im Pfarrhaus der Wunderburgpfarre befindet. Es stammte aus einem Heiligenhäuschen, das der Schneider Andreas Kübenspieß 1684 errichten ließ. Dieses Bild war so schnell Anziehungspunkt vieler Beter, daß die oben genannte kleine Kirche bereits fünf Jahre später gebaut werden mußte und schon drei Jahre danach durch Fürstbischof Marquart Sebastian eine Meßlizenz erhielt. Nachdem 1707 ein vollkommener Ablaß erteilt worden war, entstand 1708 eine Mariahilf-Bruderschaft. Das heutige Mariahilf-Bild trägt aber in der Konsole die Jahreszahl 1738, während der Rahmen vom Ende des 19. Jh. sein dürfte.

An der Stelle der im Dreißigjährigen Krieg niedergebrannten Koppenhofkapelle entstand eine barocke Kirche, die 1891 durch einen neugotischen Bau ersetzt wurde. Inzwischen war der ehemalige Vorort angewachsen und hatte 1748 einen Geistlichen erhalten, der das »Votivkirchlein« zu betreuen hatte, seit 1805 als Kuratie und ab 1848 als Pfarrei.

Das Mariahilf-Bild ziert heute den linken Seitenaltar der Wunderburgkirche. Es erhielt wohl zur Zeit des Kirchenneubaus einen neuen Rahmen.

In großem Strahlenkranz: oben Gott Vater und Heiliger Geist, rechts und links je ein Engel, der linke mit Dornenkrone, der rechte mit Kreuz, unten nochmals zwei Engel, die ein Band mit der Aufschrift »Mariahilf« halten. All das ist aber neuere Zutat. Das Bild, das früher unter dem Titel »Unsere Liebe Frau« in der Mariahilf-Kirche als Gnadenbild verehrt worden ist, trug die dreigeteilte Herzogskrone (Herzogin von Bayern), hatte aber keinen Rahmen. Ebenso fehlten obige Zutaten, wie ein altes Foto zeigt.

Bamberger Backmodel.

61

Das Anwachsen des Stadtteils und die Vergrößerung der Pfarrei verdrängten die Wallfahrt immer mehr. Von einer Wallfahrt kann man heute wohl nicht mehr reden, die Zeugen einstiger und heutiger Verehrung trifft man aber überall in ganz Bamberg und Umgebung. Viele Häuser zieren Mariahilf-Darstellungen; in der Bäckerei am Lugbank werden sie sogar aus einer 300 Jahre alten Model gebacken.

Außerdem gibt es eine Wallfahrt der Bamberger ins benachbarte Oberhaid zur Mariahilf im Klingental, einem Stich von 1777, der dann in die Pfarrkirche St. Bartholomäus (früher St. Maria) kam.

Man kann nicht von der Bamberger Mariahilf-Wallfahrt berichten, ohne auch von der Karmeliten-Madonna und deren Bruderschaft zu sprechen.

Die Karmeliten-Madonna, eine Nachbildung der »La Bruna« in Neapel und deren Schwester, der Notre-Dame de Grâce, wird im allgemeinen als seitenverkehrtes Mariahilf-Bild verstanden, das manchmal – wie in Bamberg – ein Skapulier trägt. Eine solche Darstellung in Stein schmückt das Portal der Karmeliten-Kirche in Bamberg. An dieser Kirche besteht heute noch eine lebendige Skapulierbruderschaft.

Mariahilf bei Beratzhausen

Südöstlich von Parsberg liegt Beratzhausen/Oberpfalz. Ursprünglich stand auf dem benachbarten Berg eine Martersäule. 1710 baute man dort »zur Abwendung der immer schmerzlich erlittenen Wassergüsse und Wolckhenbrüchern« eine Mariahilf-Kapelle, für die ein Maler aus Stadtamhof eine Cranachkopie lieferte. Rasch entwickelte sich eine lebhafte Wallfahrt. Die heutige Kirche stammt aus dem Jahre 1847, nachdem zwei Jahre zuvor die alte zum Teil abgebrannt war. Votivtafeln von 1707 (der Entstehungszeit) bis heute (Heim-

kehrer, Verwundete, Heimatvertriebene) zeigen die ununterbrochene Beliebtheit. Die reiche Schmuckauflage auf dem Bild (juwelenbesetzte Glorien und Ärmelschmuck) fehlen auf einer Darstellung vom Ende des letzten Jahrhunderts, obwohl der Rahmen bis ins kleinste Detail mit Engeln, Seraphim, Baldachin genau gezeichnet ist. Zweifellos ist dieser Schmuck erst in unserem Jahrhundert dazugekommen. Zu Mariahilf kommen vor allem die Einwohner von Beratzhausen. Für ihre Erhaltung, Verschönerung und Restaurierung haben sie erstaunliche Summen aufgebracht.

Mariahilf in Fuchsmühl

Auf halbem Wege zwischen Erbendorf und Waldsassen liegt neben Wiesau auf dem sogenannten Hahnenberg am östlichen Rand des Fichtelgebirges der Mariahilf-Wallfahrtsort Fuchsmühl. Allein die Anzahl der Pilgerheime und Gasthöfe demonstriert die Bedeutung dieses kleinen Dorfes.

Es begann mit einer Linde, die der Amtsgerichtsschreiber Jakob Scharf von Wiesau gepflanzt hatte.

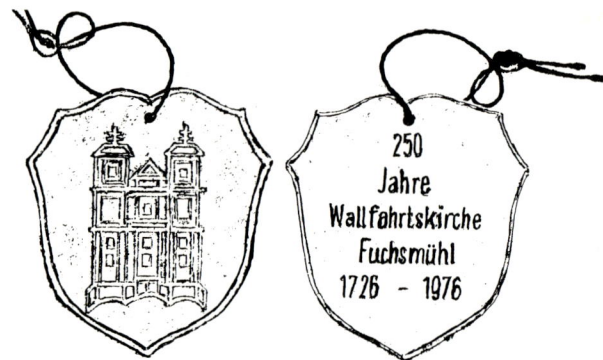

Keramikanhänger, der zugunsten der Kirchenrenovierung verkauft wird.

Im Mariendom auf dem Kreuzberg bei Schwandorf.

In einem amtlichen Bericht der Regierung in Amberg von 1710 wurde eine Kerzenerscheinung beschrieben, verbunden mit der Aufforderung, an dieser Stelle eine Kapelle zu errichten und sie »Mariahilf« zu nennen. 1688 ließ der Lehensgutsbesitzer von Fuchsmühl, Franz Heinrich Dionys Freiherr von Froschheim, diese Kapelle erbauen, und seither wird hier zu Mariahilf gepilgert. Bereits 1690 berichtete der Pfarrer von Wiesau von einer Kapellenvergrößerung, »die jetzt 130 Personen faßt«. Auch dieses Gotteshaus war bald wieder zu eng. 1710 begann ein Neubau, der für den kleinen Ort ungewöhnlich groß war und erst 1721 unter Dach kam. Danach wurde das Gnadenbild in die neue Kirche übertragen. Zwar ist immer noch amtlich von einer Kapelle die Rede, aber in Wirklichkeit entstand eine zweitürmige, 35 Meter lange Kirche. Von den ursprünglich höheren Türmen wurde 1731 der Nordturm vom Sturm abgedeckt, und das wiederholte sich noch mehrmals (1827 und 1868). Deshalb hat man sie auf die heutige Höhe abgetragen und damit ein für die Gegend ungewöhnliches Aussehen gegeben. Durch die hohe Lage – man sagt, sie sei sogar vom Egerland her zu sehen – war sie immer stark dem Wetter ausgesetzt. So mußte auch die Schmuzersche Stukkatur des Schiffs wieder entfernt werden, weil der Sturm wiederholt das Dach beschädigt und der Stuck durch die Nässe so gelitten hatte, daß er abgenommen werden mußte.

Die eigentliche Wallfahrtskapelle ist eine Seitennische des Langhauses. Philipp Jakob Schmuzer hat 1720 den Raum stukkiert. Das Mariahilf-Bild in reichem Barockrahmen ist eine freie, nahezu ländliche Kopie des Cranachbildes, das zudem in einem ovalen Rahmen steckt. Dieses Bild ist das Ziel der Wallfahrten. 1716/17 betrug die Zahl der Kommunionen bereits 16000. Die Kunde von vielen Wundern ließen die Prozessionen aus allen Richtungen auf den Berg kommen und nicht nur aus der nächsten Umgebung, sondern auch aus dem Stifts- und sogar dem Egerland. Aus Coburg, aus Brandenburg und Sachsen kamen sie. Es wird berichtet, daß an den Prozessionen zwischen 200 bis 800 Personen teilnahmen. Am Hauptfest Peter und Paul kam der »Petersschwarm«, und der zählte 4000 bis 6000 Menschen. 1717 traf einer von Königsberg ein. Hauptwallfahrtstage waren neben Peter und Paul: Mariä Heimsuchung, Mariä Himmelfahrt, Mariä Geburt, Mariä Namen (das allgemeine große Mariahilf-Fest) und darüber hinaus Magdalena und Michael.

Erst der Josefinismus (scharfe Verbote im Egerland) und die Aufklärung unterdrückten die Wallfahrt. Hatte man noch beim 100jährigen Jubiläum 1788 (Tag der Aufstellung des Gnadenbildes) unzählige Prozessionen und nahezu 26000 Kommunionen verzeichnen können, so war zehn Jahre später durch den Einfall der Franzosen in die Oberpfalz die Wallfahrt nahezu erloschen. Zwar hatte der jeweilige Wallfahrtsdirektor sein Möglichstes getan, aber erst als es 1848 gelang, die Betreuung den Redemptoristen zu übertragen, hoffte man auf eine Besserung. Die Schwierigkeiten blieben jedoch, ja es sah sogar so aus, als würden die Patres Fuchsmühl aufgeben. In der Zeit zwischen 1856 und 1868 gelang es ihnen, die Wallfahrt wiederzubeleben. Es kam der Kulturkampf und der Aufruf des Bischofs im Jahre 1874, zu den drei berühmten Gnadenstätten der Diözese zu wallen und in der Verfolgung der Kirche um göttlichen Beistand zu bitten. Nach Fuchsmühl kamen an diesem Tag 8000 Pilger. Ein weiterer Höhepunkt wurde dann die 200-Jahr-Feier im Jahre 1888. Zehn Jahre später übernahmen die Augustiner die Seelsorge. Die Wallfahrt begann wiederaufzublühen. Kriege haben zu allen Zeiten die Menschen zur Gottesmutter geführt; so ist es ganz natürlich, daß sowohl nach dem Ersten wie auch nach dem Zweiten Weltkrieg die Prozessionen von allen Seiten vermehrt auf den Berg zogen.

Wie oben bereits erwähnt, kann man heute schon vom Ortsbild her die Beliebtheit der Wallfahrt erkennen. Die vor dem Krieg genannte Zahl von jährlich 20 000 Wallfahrern ist inzwischen erheblich höher geworden.

Die Mergentheimer Kopie des Malers Pius

Der heutige Kurort Bad Mergentheim im Taubertal beherbergt eine bischöfliche Studienanstalt »Mariahilf« und das Kapuzinerkloster mit der Mariahilf-Gnadenkapelle. Das Mariahilf-Bild auf dem Altar der Kapelle gilt als eine Cranachkopie des Malers Pius von Passau. Mergentheim wird in den Urkunden wiederholt ein »Filial« von Passau genannt. Aber die Gründung der Bruderschaft, der sogenannten »marianischen Liebesversammlung«, weist Mergentheim als selbständigen Verehrungsort aus.

Ob das Bild tatsächlich demselben Maler zugeschrieben werden kann wie das Passauer, darf man bezweifeln. Die Qualitätsunterschiede sind zu groß, um sie allein mit »Restaurationen« zu entschuldigen.

Da der in Mergentheim residierende Deutschorden die Wallfahrt unterstützte – mit dem Geld der Hochmeister ist auch die Kapelle entstanden –, erreichte die Wallfahrt im 18. Jahrhundert eine beachtliche Blüte. Heute ist die Mariahilf-Kapelle der Kapuzinerkirche eine gern besuchte Verehrungsstätte, aber nur selten Ziel von größeren Wallfahrten. Zeugen der alten Blüte jedoch sind auch heute noch überall in Bad Mergentheim anzutreffen.

In Mergentheim hat sich eine Eigenheit herausgebildet, die mit der plastischen Gestaltung dieses Halbfigurenbildes zusammenhängt, das nach unten eine Begrenzung brauchte. Man fand sie in der Mondsichel (ein Attribut des apokalyptischen Weibes). Einmal wird die Sichel sogar wie bei der Immaculata von einer Schlange umwunden.

Aber nicht nur in Mergentheim selbst, sondern in der ganzen Umgebung findet man diese Mariahilf-Darstellungen, meist als Steinreliefs. Typisch für die Förderung durch einzelne Persönlichkeiten ist die Entwicklung in Tauberbischofsheim.

Die Mergentheimer Mariahilf-Kapelle im Jahre 1703.

Ein Leben unter dem Schutz Mariens

Im Jahre 1721 stirbt der »vornehme und berühmte Herr« Johannes Heinrich Staub, Apotheker und Ratsherr zu Tauberbischofsheim. Auf seiner Grabplatte in der dortigen Mariahilf-Kapelle steht unter anderem: »Johann Heinrich Staub war Name und Omen des Verstorbenen. Sein Leben stand unter dem besonderen Schutz Mariens.« Das in der Inschrift enthaltene Chronostichon ergibt als Todesjahr 1721. Die Kapelle, in der dieser Gedenkstein gleich neben dem Eingang in die Wand eingelassen ist, haben, wie eine Kartusche über dem Portal besagt, der »Apotheker Johann Heinrich Staub und seine Ehefrau Maria Elisabeth im Jahr 1700 vor den Toren der Stadt errichten lassen«. Das Altarbild der Kapelle, das jetzt links seitlich an der Wand hängt, ist eine Mariahilf. Das gleiche Motiv, aus rotem Sandstein gehauen, steht in einer Nische außen über dem Portal der Kapelle. Ein weiteres Mariahilf-Relief wird heute über der Tür des ehemaligen Labors der Apotheke am Sonnenplatz von Weinlaub überwuchert. Die Apotheke – damals ebenfalls außerhalb der Mauern – hat Staub 1720 erbauen lassen. Fünf Jahre früher – 1715 – ließen er und seine Frau an der Königheimer Straße einen Mariahilf-Bildstock erstellen.

Wenn mit diesen Angaben auch nicht belegt ist, daß sein Leben »unter dem besonderen Schutz Mariens« stand, so zeigen sie doch, daß das Ehepaar Staub jahrzehntelang Mariahilf verehrt und gefördert haben.

Außer den bisher genannten, von Staub gestifteten Mariahilf-Bildern sind heute noch eine ganze Reihe weiterer in Tauberbischofsheim und Umgebung vorhanden.

Der Mariendom auf dem Kreuzberg bei Schwandorf

Der Name Kreuzberg stammt von den drei Kreuzen, die früher seinen Gipfel krönten. Sie waren die Nach-folger eines Galgens, den man dort oben aufgerichtet hatte, nachdem im 16. Jahrhundert die alte Michaelskapelle abgerissen worden war.

Im Zuge der Gegenreformation bauten die Bürger Schwandorfs 1679 eine Kapelle, in der eine Cranachkopie den Mittelpunkt der Verehrung bildete. 20 Jahre später wurde sie aufgrund des ständig wachsenden Zulaufs vergrößert, und 1782 entstand nahezu ein Neubau. Nur wenig hatte man vom Alten erhalten. Als 1796 die französischen Heere die Gegend unsicher machten, verlobten sich die Städte Schwandorf, Burglengenfeld und Kallmünz der Mariahilf. Die Kapuziner, die seit 1738 neben der Kirche ein Hospiz unterhielten und die die zahlreichen Pilger betreut hatten, mußten im Zuge der Säkularisation den Berg verlassen. Zwei geistliche Brüder, Kasimir und Kassiodor Zenger, stifteten an deren Stelle ein Weltpriester-Benefiziat, bis dann 1889 die Karmeliten die Wallfahrt übernahmen. Als 1945 Bomben auf den Berg fielen, blieb außer dem Gnadenbild nahezu nichts von der Kirche übrig. Auch das Kloster wurde zum größten Teil zerstört. Das Gnadenbild kam in eine Baracke, bis es 1952 in die inzwischen neu errichtete Kirche übertragen werden konnte. 1946 wurde die Anlage wieder von den Unbeschuhten Karmeliten übernommen.

Heute ist der Mariendom auf dem Kreuzberg nicht nur an den Marienfesten Ziel vieler Wallfahrer, auch während des übrigen Jahres ziehen viele Pilger zu Mariahilf auf den drei Wegen, die auf die Höhe des Berges führen.

Das Mariahilf-Bild blieb zwar zusammen mit dem Barockrahmen erhalten, in der jetzigen Anbringung als Hochaltar des Marienmünsters ist es zweifellos das modernste Mariahilf-Wallfahrtsbild. In dem mit Glasmosaiken geschmückten Chor wird das Bild von einem Engelreigen umgeben. Rundum wird ein riesiger Strah-

MARIAHILF-BILDSTÖCKE

Das Mariahilf-Motiv wurde in Franken in vielfältiger Weise verwendet, bis hin zur Backmodel. Zwei Beispiele aus hunderten:

Von links nach rechts:

Ellwangen, hinter der Stiftskirche, über einem Hauseingang Mariahilf-Relief.

Assamstadt, an der Straße nach Neunstetten Bildhäuschen mit bemaltem Mariahilf-Relief.

Maria vom guten Rat findet man fast immer in Augustinerkirchen, in Franken auch hin und wieder an einer Hauswand wie in Hammelburg am Marktplatz.

Die Immerhilf, die in den meisten Kirchen verehrt wird, erscheint in Franken Ende des letzten Jahrhunderts auch wiederholt auf Bildstöcken, so wie in der Flur oberhalb von Unterwittighausen.

lenkranz, der aus Gold- und Silberfeldern besteht, zu einer gewaltigen Gloriole der Gottesmutter.

✳

So ist es heute schwer zu entscheiden, ob der Kreuzberg in Schwandorf das südöstliche Zentrum der Mariahilf-Verehrung war oder vielleicht Mariahilf in der Westendvorstadt von Eichstätt. Immerhin begegnet man heute in diesem Stadtteil Eichstätts so vielen Mariahilf-Bildern, daß diese Annahme eine gewisse Berechtigung hätte. Jedenfalls liegen in diesem südöstlichen Bereich Eichstätt-Schwandorf: Batzhausen, Bentzhausen, Berching, Langenbach und der Mariahilf-Berg bei Neumarkt.

Natürlicherweise setzt sich dieser Zug nach Südosten in Richtung Regensburg–Passau fort. Das nächste Verbindungsglied dürfte Vilsbiburg sein.

Gnadenkapelle »Mariahilf« zu Schwarzenberg

In dem Eichenwald, der noch im 17. Jahrhundert den Platz des heutigen Klosters der Franziskaner-Minoriten bedeckte, befand sich an einem Baum ein Marienbild, das von der Gräfin von Schwarzenberg mit ihrer Dienerschaft oft aufgesucht wurde. Sie war es auch, die dann eine kleine Holzkapelle errichten ließ. Darin wurde eine Steinplastik – das heute noch verehrte Mariahilf-Gnadenbild – aufgestellt, von der erzählt wird, daß sie 1622 in Passau entstanden sei und dort in einer dafür erbauten Kapelle verehrt worden war.

Die Fürstin Maria Justina von Schwarzenberg, geborene Gräfin von Starhemberg, hatte sie durch ihren Hofmeister von Passau bringen lassen.

Bemerkenswert ist die Tatsache, daß es sich hier nicht um ein Bild, sondern um eine Plastik handelt. Sie trägt im Sockel die lateinische Inschrift: »Heilige Maria, Helferin von Passau, durch Wunder verherrlicht.«

Als die Franziskaner 1702 von Scheinfeld hinaus auf den Schwarzenberg zogen, begann der regelmäßige Gottesdienst in der Kapelle. Nach Fertigstellung der Klosterkirche 1735 wurde ihr eine kleine Kirche angebaut und dorthin das Gnadenbild 1745 übertragen. Damit setzt aber bereits die Wallfahrt zum Mariahilf-Bild ein.

Die Säkularisation brachte die üblichen Schwierigkeiten, nur hat man das Kloster nie ganz aufgelöst, weil es zu arm war, um als Beute für den Staat interessant zu sein. Seit nunmehr über 100 Jahren betreuen die »schwarzen« Franziskaner das Heiligtum und seit einigen Jahrzehnten das bekannte Bildungshaus Schwarzenberg, das aus dem Kloster hervorging.

Wer heute die Kirche betritt, steht vor einem Hochaltar, in dessen Mitte eine gemalte Mariahilf hängt. Hinter diesem Altar führt eine Tür in die kleinere Gnadenkapelle mit der Steinplastik Mariahilf.

Einer aus den Hunderttausenden von Mariahilf-Gebetszetteln, die im Umlauf waren.

70

Rund um Mariahilf

Mariahilf hatte Vorläufer. Zu ihnen zählen die Wladimirskaja, Notre-Dame de Grâce, La Bruna, ebenso die Immerhilf und wahrscheinlich auch die Mutter vom guten Rat. Es sind alles Halbfigurenbilder, deren Ahne die Elëusa ist.

Die Karmeliten-Madonna

Man weiß heute, daß Cranach das kleine Gnadenbild Notre-Dame de Grâce in der Kathedrale von Cambrai gekannt und von dort her seine Anregung zum Mariahilf-Bild erhalten hat. Die Zwillingsschwester der Notre-Dame de Grâce ist die La Bruna in der Karmeliten-

Das Laienskapulier der Karmeliten (natürliche Größe), das die Mitglieder der Bruderschaft der Muttergottes vom Berge Karmel verliehen bekommen. Bild und Band bestehen aus Leinen.

kirche von Neapel. Aus ihr gingen die Karmeliten-Madonnen hervor, auf die bei Bamberg schon hingewiesen wurde. In der Praxis ist manche Muttergottes vom Berge Karmel ein Mariahilf-Bild, und umgekehrt wird manche Karmeliten-Madonna schlichtweg als Mariahilf bezeichnet. Für die Wallfahrt bleibt das schließlich ohne Bedeutung.

Wesentlicher für die stetige Verehrung ist die Skapulierbruderschaft, die überall dort gepflegt wird, wo Karmeliten die Gemeinde betreuen. Äußeres Zeichen dieser Bruderschaft ist das textile Laienskapulier mit dem kleinen Bild der Karmeliten-Madonna, das die Mitglieder an einem Band um den Hals tragen.

Außer in Bamberg gibt es im ganzen Bistum in vielen Kirchen Karmeliten-Madonnen und Skapulierbruderschaften. Die Bilder wanderten teilweise mit den Karmeliten. So war in Fährbrück eine belgische Karmeliten-Madonna Gnadenbild geworden. Als die Karmeliten weggingen, nahmen sie das Bild mit.

Das Altarbild in der Karmelitenkirche in Bamberg erzählt die Legende, nach der Simon Stock von der Gottesmutter das Skapulier überreicht bekommen hat.

Die Skapuliermadonna in der Karmelitenkirche in Bamberg.

Mutter vom guten Rat

Wie die Karmeliten-Madonnen stets zu einem Karmelitenkloster gehören – die Zahl der heute noch lebendigen Skapulierbruderschaften im Bereich des Karmelitenklosters Bamberg ist bezeichnend –, so gehört die »Mutter vom guten Rat« in den Umkreis der Augustiner. Es gibt in Franken keine bekannte Wallfahrt zu einer Mutter des guten Rates, wohl aber ist sie in manchen Kirchen als verehrtes Andachtsbild zu finden, wie in Würzburg in der Augustinerkirche, in der Wallfahrtskirche Walldürn, in der Michaelkirche und in der Nagelkapelle des Doms in Bamberg, in der Klosterkirche Banz als Bild im Bild, in Etzelkirchen-Medbach ist ihr eine Kapelle geweiht, in Friesen die Ortskirche, in Kirchschönbach die Hauskapelle des Marienhauses, in Moorenbrunn die Kuratiekirche, Scheinfeld besitzt ein Verehrungsbild, und schließlich hängt noch eines im Heimatmuseum Tauberbischofsheim. Die Pfarrkirche von Bad Königshofen besitzt ein Ölbild in reichem, mit Engeln dekoriertem Rahmen aus der Zeit um 1750. Unter der Mutter des guten Rates ist ein Dorf und vier Pilger zu sehen und die Inschrift: »S. Maria von guten Rat so verehret wird zu Genazzano in der Kirch der P. P. Augustiner.«

Die Schönstatt-Madonna

Es gibt nicht nur Vorfahren von Mariahilf, die gewiß durch die Mariahilf-Verehrung nachträglich profitiert haben wie die Karmeliten-Madonna und die Mutter vom guten Rat, sondern auch ein Bild, das aus Mariahilf hervorgegangen ist, jedoch den alten Namen der Maria Schnee angenommen hat: die »dreimal wunderbare Mutter« von Schönstatt. Die Schönstatt-Madonna ist eine ins Liebliche abgewandelte Mariahilf. Den Namen

Auf dem Habsberg steht neben der Gnadenkapelle die große Wallfahrtskirche mit ihrem in strahlendem Gold glänzenden Innern.

hat der berühmte Jesuitenpater Jakob Rem in Ingolstadt Ende des 16. Jahrhunderts für eine Kopie der sogenannten Jesuiten-Madonna, der Salus populi Romani aus Maria Maggiore in Rom, geprägt. Dieses Bild wird heute noch unter diesem Titel in Ingolstadt als Gnadenmutter in der Liebfrauenkirche verehrt.

Schönstatt-Gruppen gibt es überall dort, wo Pallottiner wirken, darüber hinaus hat die Schönstatt-Bewegung in studentischen Kreisen Fuß gefaßt. Unabhängig davon wurde die Schönstatt-Madonna auf verschiedenste Weise weiterverbreitet.

Die Immerhilf

Zu diesem Mariahilf-Umkreis zählt auch die Mutter von der immerwährenden Hilfe, an sich ein Bild aus dem 16. Jahrhundert, das aber erst im 19. Jahrhundert verbreitet wurde. Ihr Original wird inmitten von Rom

Maria vom guten Rat – vor allem von den Augustinern verbreitet.

in San Alfonso, der Kirche der Redemptoristen, verehrt, jedoch außerhalb von Rom denkt heute kaum jemand an diese Gnadenstätte.

Pater Mindera schrieb über die Geschichte der Verehrung der »Immerhilf«:

»Die Redemptoristen pflegen die Verehrung Mariens als Mutter von der immerwährenden Hilfe. Die Andacht geht von einem byzantinischen Tafelbild aus, das im 15. Jahrhundert vor den Türken von Kreta nach Rom in Sicherheit gebracht worden war und in der Augustinerkirche St. Matteo in der Via Merulana verehrt wurde. Nachdem das Gotteshaus in den Tagen der napoleonischen Besetzung zerstört worden war, blieb das Bild bis 1862 verschollen. Es erfreut sich seit seiner 1866 erfolgten Übertragung in die Kirche des heiligen Alfons beim römischen Volk wieder größter Schätzung, so daß die Redemptoristenkirche lange Zeit die besuchteste unter den rund 20 Andachtsstätten der Helferin der Christen in Rom war. Zahllose Abdrucke kommen bei Gelegenheit von Volksmissionen der Redemptoristen unter das christliche Volk auf der ganzen Welt.«

Die Verbreitung

Wirksamer selbst als die Missionen der Redemptoristen waren zweifellos die von Mindera genannten »Abdrukke«. Deren Erfolg aber setzt eine gewisse Begeisterung bei Herstellern, Verkäufern und Käufern voraus. Man darf von überzeugten Verehrern sprechen.

Von 1866, als das Bild wieder in San Alfonso aufgestellt worden war, bis 1876, also in zehn Jahren, hat ein gewisser Robineau aus Paris allein rund fünf Millionen Medaillen der Immerhilf versandt. Kissing in Menden hatte um die Mitte der zwanziger Jahre unseres Jahrhunderts etwa zehn Millionen Medaillen vertrieben.

Den Rekord aber hielt Penin aus Lyon schon um die Jahrhundertwende mit 50 Millionen Medaillen.

Im Laufe der Jahre wurden von Paris aus 155000 Bilder sowie 250000 Kupferstiche und Radierungen verbreitet. Von Rom kamen 30000 Bilder und 130000 Stiche und Radierungen. Pustet hat 55000 originalgroße Drucke (58 cm hoch, 47 cm breit) und über zwei Millionen kleinere ausgeliefert. Benziger in Einsiedeln hat in 34 Jahren zweieinhalb Millionen Bilder verkauft, Saudino-Ritouret in Paris konnte schon um 1900 zwei Millionen verkaufte Bilder melden.

Diese Zahlen bleiben selbst dann erstaunlich, wenn man berücksichtigt, daß etwa 60 Kirchen des Redemptoristenordens der Mutter von der immerwährenden Hilfe geweiht sind und daß man z.B. 1937 schon 2500 Einzelbruderschaften mit etwa zweieinhalb Millionen Mitgliedern zur Erzbruderschaft Sankt Alfons zählte. Neue Impulse hat die Immerhilf-Verehrung durch die 1925 eingeführten Gebetswachen erhalten. Die Mitglieder verpflichten sich zu einer Stunde wöchentlich.

Das Gnadenbild

Das Bild in der römischen Kirche San Alfonso ist wahrscheinlich ein Original aus der Werkstatt des Andrea Rico da Candia (Kreta). Das Motiv wurde sicher nicht von ihm entwickelt. Er hat für ein altes Thema die letzte, jetzt verbreitete Fassung gefunden. Die Passionsmadonna hat ihre Wurzel in der Elëusa, in der Mutter des Erbarmens, die den Leidensweg ihres Kindes voraussieht. In der weiteren Entwicklung des Elëusa-Motivs umfaßt das Kind angstvoll den Daumen der Mutter. Damit ist angezeigt, daß auch das Jesuskind selbst sein Schicksal erahnt. Diese seine Angst wurde dann im Bild von Rico da Candia deutlich motiviert: die beiden Engel in den oberen Ecken halten Leidenswerkzeuge in

den Händen. Das Kind dreht sich erschrocken zu ihnen um.

Es gibt zwar keine Wallfahrt zur Immerhilf, aber sie ist nahezu in jeder dritten Kirche auch in Franken zu Hause, und man kann hinzufügen, immer brennen Kerzen vor dem Bild oder stehen Blumen davor.

Die Immerhilf, Ordensmadonna der Redemptoristen.

Maria – Herzogin von Franken

Nicht erst zur Zeit der Gegenreformation wurde es Brauch, ganze Landschaften Maria zu weihen und unter ihren Schutz zu stellen, doch bekam Maria im Hochbarock viele neue Titel: Nationalheilige von Albanien, Patrona Bavariae, Königin von Polen, Königin von Portugal und schließlich Landespatronin von Australien. Mit zu den ersten zählt die Patronin, ja »Herzogin von Franken«. Das Lied von der Herzogin von Franken war allgemein bekannt und in allen alten Gebetbüchern ebenso zu finden wie der Begriff »Patrona Franconiae«.

Unter den »alten und neuen« sogenannten »Muttergottesgesängen« gibt es ein Lied, das vornehmlich Würzburg meint, und in die Gebetbücher von Aschaffenburg und Bamberg aufgenommen wurde: »Maria, Herzogin und Beschützerin des Frankenlands«. Es ist ein Bekenntnis der Marienverehrung mit Aufzählung der Verehrungsformen. Von den Marienkapellen ist dort ebenso die Rede wie von der Festung Marienberg, den Hausmadonnen und Maria auf dem »hohen Spitz des Schlosses«.

So populär die Patrona Franconiae auch war – als Brückenfigur, als Hausmadonna, in Liedern –, einen eigenen Wallfahrtsort besitzt sie nicht.

In Franken war der Titel Herzogin mehr als ein irdischer Rang; denn Franken war geistliches Gebiet (Bamberg, Eichstätt, Fulda, Würzburg). Es gab wohl neben dem Herzog von Bayern eine »Herzogin von Bayern« als erste Frau im Staate. Die Herzöge von Franken dagegen waren die Bischöfe. Wie Maria seit dem Mittelalter als Braut der Kirche galt – viele Bilder haben das zum Ausdruck gebracht –, so nimmt sie auch den Platz neben den geistlichen Fürsten ein; denn eine weltliche Herzogin gab es in Franken nicht. Die Braut der Kirche mußte notwendigerweise die Herzogin von Franken werden.

Man könnte nun versuchen, in der Bevorzugung eines bestimmten Madonnentyps, z. B. der Himmelskönigin, die Herzogin von Franken sehen zu wollen, aber auch das führt zu nichts; denn das Barock bevorzugte zwei Madonnentypen: die Himmelskönigin und die Immaculata. In der Himmelskönigin sah man die Herrscherin, die Landesfürstin, die Herzogin und die Schutzpatronin, so steht sie auf dem Turm des Schlosses.

Man hat gelegentlich in allen Himmelsköniginnen, die die dreigeteilte Herzoginnenkrone tragen, eine Herzogin von Franken sehen wollen. Dafür fehlt aber jeglicher Beweis; denn die Trennung der Kronen in bestimmte Kategorien, z. B. im Sinne eines späteren Gotha, war nicht üblich. So trägt die heilige Kaiserin Kunigunde auf der Brücke in Bamberg eine Herzoginnenkrone, und die Immaculata auf der Alten Mainbrücke in Würzburg bezeichnet die Inschrift: Patrona Franconiae. Die Immaculata ist der andere beliebte Typ des Barock. Sie kam aus Spanien und hat sich im Zuge der Gegenreformation rasch ganz Europa erobert.

So war die Patronin Frankens wohl ein fester Begriff, nicht aber ein bestimmter künstlerischer Typus und auch kein Gnadenbild. Zur Zeit des Marienverehrers Echter konnte die Herzogin Frankens anders aussehen als unter den Schönborn, aber sie blieb bis heute Schutzfrau in verschiedener Gestalt, in einem Madonnenland eine folgerichtige Entwicklung. Sie, die Häuser, Plätze, Fluren beschützen sollte, mußte auch zur Schutzpatronin des Landes werden.

Es fehlt jedoch ein Nationalheiligtum wie Altötting für Bayern oder gar Tschenstochau für Polen, ein Wallfahrtsort mit einer Gottesmutter, die zugleich Landesmutter ist.

Selbst wenn man, wie schon erwähnt, die Himmelsköniginnen mitzählen würde – einige Lieder könnten dazu verleiten –, führte das nicht weiter. Unter den größeren fränkischen Wallfahrten findet sich keine, die die Himmelskönigin zum Ziele hat. In der Oberen Pfarre in Bamberg wird eine sitzende Gottesmutter verehrt, die auch festlich als Königin gekleidet ist mit der dreigeteilten Herzoginnenkrone. Der gleiche Kronentyp schließt den Baldachin oben ab, unter dem die Muttergottes steht. Aber aus solchen Attributen eine Herzogin Frankens ableiten zu wollen, wäre allzu einfach.

Maria – Herzogin zu Franken

O du himmlische Königin,
durch alle Welt ein Herrscherin,
du Herzogin zu Franken bist,
das Herzogtum dein eigen ist.
Darum o Mutter deine Hand,
halt über uns im Frankenland.

Zu Wirzburg hast du deinen Sitz,
das zeigt am Schloß der hohe Spitz,
darauf dein Bild glanzt hüpsch und fein
wie Gold, und wie der Sonnenschein.
Darum o Mutter deine Hand
halt über uns im Frankenland.

Von dir, wie du, o Jungfrau weist,
Mariä Berg der Schloßberg heißt.
Schau Jungfrau, wie auch Grund und Erd,
dich halten hie in höchsten Werth.
Drum o Mutter deine Hand,
halt über uns im Frankenland.

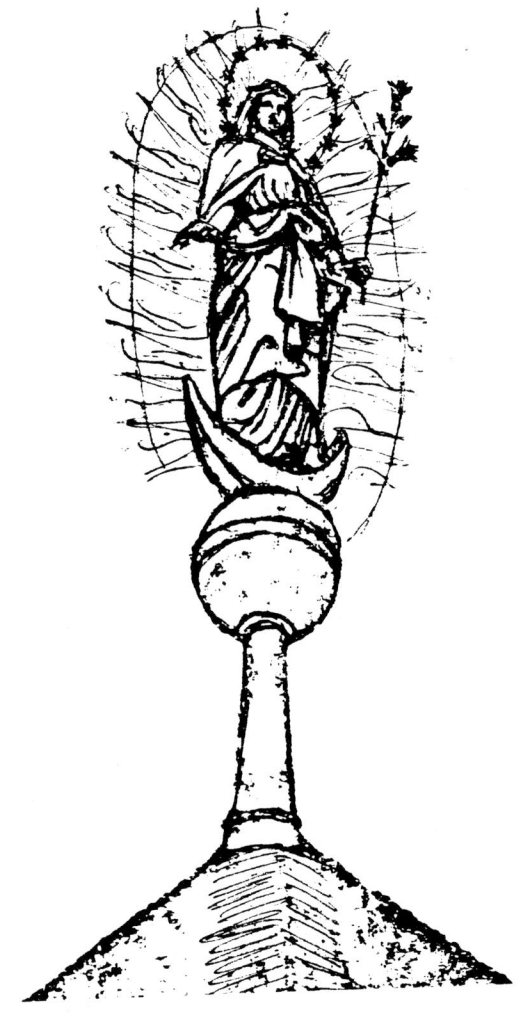

Würzburg, Festung Marienberg: auf der »hohen Spitz« glänzt die Herzogin zu Franken »hübsch und fein«.

78

Dich Wirzburg gar im Herzen hat
Dein Kirch steht mitten in der Stadt,
die schöne Kirch, Kapell genennt,
sich dein und dir geweiht erkennt.
Drum o Mutter deine Hand
halt über uns im Frankenland.

Maria dich liebt Wirzburg sehr,
wo hat ein Stadt dergleichen mehr?
Zu Wirzburg, an so manchen Haus,
steht eine Mariäbild heraus.
Drum o Mutter deine Hand
halt über uns im Frankenland.

Den dreyßigsten dir Wirzburg hält,
Rorate ist dir wohl bestellt,
und deine fünf vornehmste Fest
fast Wirzburg auf das allerbest.
Drum o Mutter deine Hand
halt über uns im Frankenland.

Auf deinen Gruß gibt Wirzburg acht,
zu früh, zu mittag, und zu Nacht,
den Rosenkranz da haben all
nicht wenig von Perl und Korall.
Drum o Mutter deine Hand
halt über uns im Frankenland.

Die Bruderschaften ich nicht meld,
noch deine Bildnuß in dem Feld,
viel Kinder, hie in Herz und Mund,
dich grüßen schier all Uhr und Stund.
Drum o Mutter deine Hand,
halt über uns im Frankenland.

Würzburg, die Turmspitze der Marienkapelle.

Frankenland – Marienland

Daß Maria eine besondere Verehrung in Franken genießt, daß sie in allen täglichen Nöten angerufen wird, daß sich daran auch in unserer Zeit nichts geändert hat, ist wichtiger und beweist eher ihre Rolle als Patrona Franconiae als die Bemühung, sie in einer Wallfahrt in dieser Eigenschaft zu entdecken.

Kardinal Julius Döpfner, damals noch Bischof von Würzburg, sagte in seinem Fastenhirtenbrief vom Jahre 1954 »Frankenland – Marienland«:

»Gepriesen sei die echte, wahre Wallfahrt. Nicht jene Fahrten mit vielen Zielen und zerstreuenden Unterhaltungen, wo im Vorbeigehen auch ein Heiligtum berührt wird. Ich meine das gesammelte, stille, betende Pilgern, wo wir auch wenigstens ein Stück zu Fuß gehen, wo wir uns am Heiligtum Zeit lassen, uns richtig ausruhen und ausbeten. Auf solcher Pilgerfahrt fällt der Alltag von uns, und wir spüren wieder, daß unser ganzes Leben eine Pilgerfahrt zu Gott ist. Die Marienwallfahrt aber hat noch eine eigene Gnade, da wächst in uns wie von selbst jene innige, kindliche Marienliebe, die den wahrhaft katholischen Menschen kennzeichnet ...«

Um die Erlangung dieser Gnade hat Franken schon immer an vielen Mariengnadenstätten und in vielfältiger Weise gebetet. So ist es auch kein Zufall, daß die meisten Wallfahrten Frankens der Gottesmutter geweiht sind. Es läßt sich keine bevorzugen, wir bleiben deshalb bei der alphabetischen Reihenfolge.

Die »Freudenreiche« am Engelberg

Der Engelberg liegt bei Großheubach am Main, Miltenberg gegenüber. Wer über die 612 Stufen, die sogenannten »Engelstaffeln«, zur Wallfahrtskirche kommt, erblickt zuerst den Erzengel Michael im Giebelfeld der Klosterkirche. Meister Zacharias Junker aus Miltenberg hat ihn geschaffen.

Spätestens im 13. Jahrhundert wurde ein dem heiligen Michael geweihtes Engelbergkirchlein vom benachbarten Amorbach aus gegründet, und man verehrte dort die um 1310 aufgestellte Marienstatue als »Königin der Engel«. 1639 entstand das Kapuzinerkloster und 1699 als Anbau eine neue Gnadenkapelle für das Marienbild. Die Säkularisation vertrieb die Kapuziner. Seit 1828 betreuen die Franziskaner den Engelberg.

Um das Gnadenbild rankt sich eine seltsame Legende: Weil die Kapuziner, als sie die Wallfahrt übernahmen, angeblich nicht wußten, welche Madonna – eine thronende Himmelskönigin oder eine Pieta – das tatsächlich verehrte Wunderbild war, stellte man 1649 eine Pieta zur Verehrung auf, aber die Wallfahrer wollten ihre »freudenreiche Muttergottes« zurück, die dort schon seit über 200 Jahren wundertätig gewirkt habe. Die Pieta wurde daraufhin nach Bornhofen gegeben, wo die heute noch blühende Wallfahrt am Rhein entstand.

Aber auch die »Freudenreiche« hat die Zeiten überdauert. Der Engelberg ist Ziel von Wallfahrern von weither – etwa von der Saar – und selbstverständlich auch der näheren Umgebung.

Auf dem Berg steht ein wenig unterhalb der Engelbergkirche in Richtung Bürgstadt die Mariahilf-Kapelle. Auch zu ihr führen »Staffeln«. Heute wird dort eine Himmelskönigin verehrt. Sie trat wohl an die Stelle eines Mariahilf-Bildes. Die rundum angebrachten Votivtafeln, auch aus neuester Zeit, sind Beweis dafür.

Unsere Liebe Frau zu Fährbrück

Wenn man auf der Straße von Würzburg nach Werneck fährt, erblickt man links, kurz vor Opferbaum, mitten in der Flur die Kirche von Fährbrück am Fuße des Eichelberges.

Die ursprüngliche Wallfahrt galt einem Taufstein – wie

MARIENWALLFAHRTEN

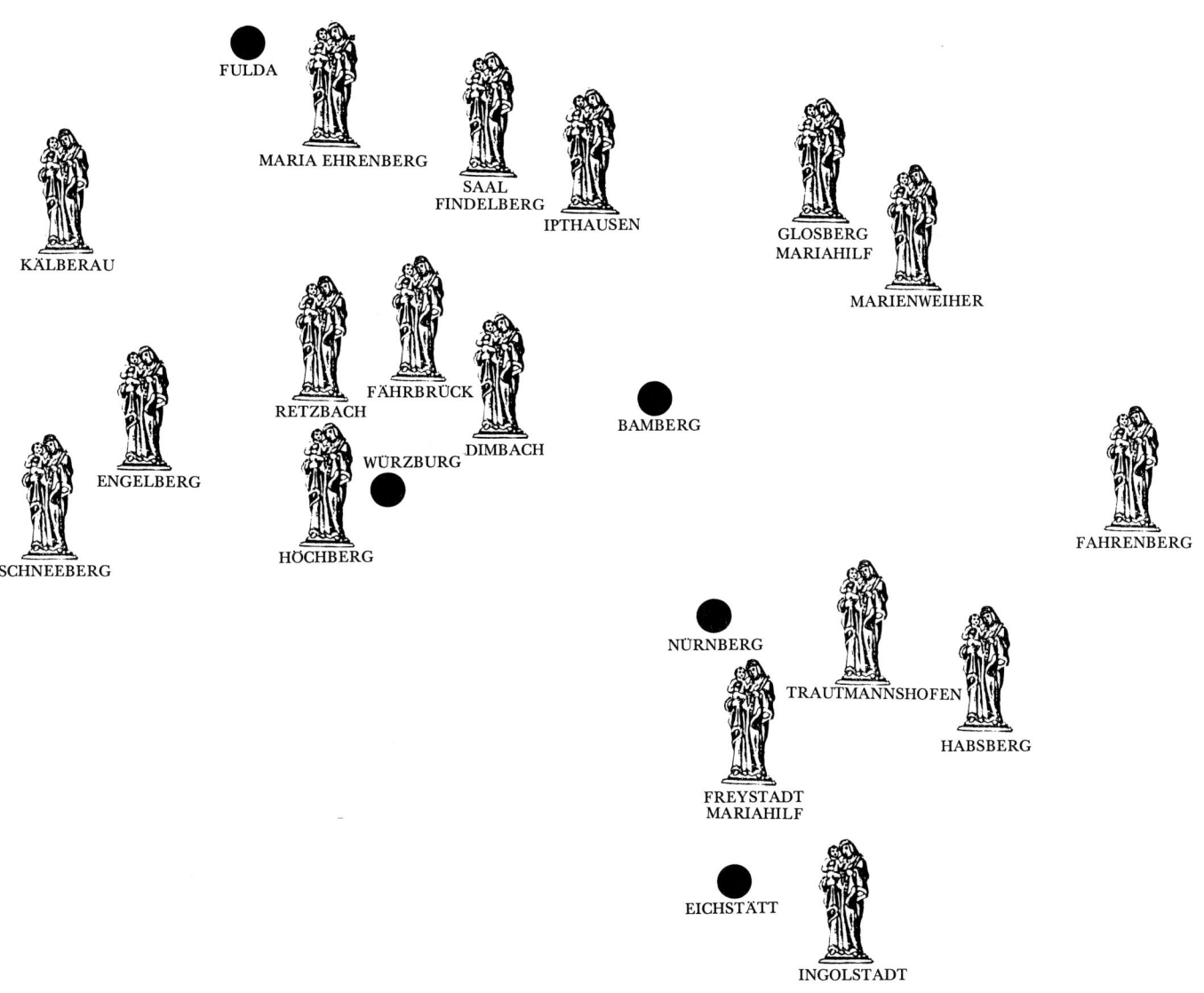

FULDA

MARIA EHRENBERG

SAAL
FINDELBERG

IPTHAUSEN

GLOSBERG
MARIAHILF

MARIENWEIHER

KÄLBERAU

RETZBACH

FÄHRBRÜCK

DIMBACH

BAMBERG

ENGELBERG

WÜRZBURG

SCHNEEBERG

HÖCHBERG

FAHRENBERG

NÜRNBERG

TRAUTMANNSHOFEN

HABSBERG

FREYSTADT
MARIAHILF

EICHSTÄTT

INGOLSTADT

in Maria-Taferl –, einem Überbleibsel aus der alten Gregori-Kirche. Während der Echter-Zeit dürfte keine Wallfahrt bestanden haben. Als im Schwedenkrieg die alte Kirche zerstört wurde, war Fährbrück aber eine so besuchte Wallfahrt, daß das Gotteshaus schon 1651 wiederaufgebaut wurde und bei der Fertigstellung bereits zu klein war, so daß es im Jahr 1653 auf das Doppelte vergrößert werden mußte.

1656 wurde von den Karmeliten an der Kirche eine Skapulierbruderschaft eingerichtet. Der Orden hatte inzwischen die Betreuung übernommen. Wahrscheinlich ist Fährbrück erst ab dieser Zeit ein Marienheiligtum.

Als dann 1684 der Neubau der heutigen Kirche begonnen wurde, sprach man schon von der Wallfahrtskirche zu »Unserer Lieben Frau zu Fährbrück«, einer Himmelskönigin am rechten Seitenaltar. Im Lauf der Zeit wurde Unsere Liebe Frau von immer mehr Bruderschaften verehrt. Zu der Skapulierbruderschaft kam eine Maria-Trost-Bruderschaft, eine Rosenkranzbruderschaft, eine Hubertusbruderschaft von Jägern und Forstleuten. Am Hubertustag kommen heute noch bis zu 2000 Teilnehmer. Seit die Augustiner die Wallfahrt betreuen, wird der Dritte Orden vom heiligen Augustinus und der Kult für die heilige Rita von Cascia gefördert.

Die Männerwallfahrt nach Fahrenberg

Rund 800 Meter hoch liegt die Wallfahrtskirche Unserer Lieben Frau auf dem Fahrenberg. An dem Platz stand früher eine alte Ritterburg. Heute gehört Fahrenberg zu Waldthurn (zwischen Pleystein und Weiden gelegen).

Aus der ursprünglichen Propstei war ein Nonnenkloster geworden, das die Hussiten zerstörten. Die Kapelle, die damals schon als Gnadenstätte galt, blieb erhalten. In der Reformation stritten sich Calvinisten und Lutheraner um das Gnadenbild, das aus dem 15. Jahrhundert stammen soll: eine stehende Gottesmutter, gekrönt und reich gekleidet. Eine neue Kirche entstand erst nach 1651 wieder. 1659 kamen dann neuerdings Prozessionen. 1707 fügte man eine Kapelle zur Heiligen Dreifaltigkeit an. Die Trinität war bereits seit der Pestzeit verehrt worden. 1760 hatte man ein neues Gotteshaus gebaut, das im Jahre 1775 während eines Gewitters bis auf das Presbyterium niederbrannte. Nun entschloß man sich zum Bau einer ganz neuen Kirche, die 1778 eingeweiht wurde, die heutige Wallfahrtskirche. Die Ausstattung stammt ebenfalls aus dieser Zeit, ein spätes Rokoko oder der Beginn des Klassizismus. Ob es mit diesem späten Bau zusammenhängt oder ob es andere Gründe gab, wie die einsame Lage am Berg, jedenfalls konnte 1816 der damalige Pfarrer behaupten, daß im ganzen Königreich Bayern keine Wallfahrt berühmter sei als die von Fahrenberg.

1954 feierte man nach Beendigung einer gründlichen Renovierung das 750jährige Bestehen der Wallfahrt. Jeweils am ersten Sonntag im August ist die Kirche Ziel einer Männerwallfahrt, an der sich Tausende beteiligen.

▷

Das Gnadenbild von Freystadt in einer Seitennische dieser bemerkenswerten barocken Rundkirche.

Freystadt – Mariahilf

Um es gleich vorweg zu sagen, der überkuppelte Zentralbau auf freiem Feld nahe bei Freystadt ist wohl eine Mariahilf-Gnadenstätte, verehrt wird aber kein Mariahilf-Bild, sondern eine Himmelskönigin.

Es begann mit einem Bildstock, den Kinder errichtet hatten. Aus ihm wurde kurze Zeit später ein kleines Heiligenhäuschen. Das berichtet man aus dem Jahre 1644 am Ende des Dreißigjährigen Krieges. 1670 stand dann das erste Kirchlein, das elf Jahre später vergrößert werden mußte. Schon den ersten Bildstock nannte man Mariahilf. Ende des Jahrhunderts plante man einen Neubau, der anschließend zwischen 1700 und 1710 erstellt wurde.

Die Entstehungsgeschichte der Wallfahrt nach Freystadt, wie sie in einem Deckengemälde im Vorraum der Kirche dargestellt ist.

Nach den üblichen Schwierigkeiten bei der Säkularisation, in deren Folge der »überflüssige« Bau abgebrochen werden sollte, konnten die Franziskaner 1837 den neben der Kirche liegenden Konvent wieder beziehen. Sie hatten die Wallfahrt schon seit 1681 betreut.

1960 konnte man das 250jährige Jubiläum festlich begehen, nachdem zuvor der Bau einer gründlichen Restaurierung unterzogen worden war, deren Kosten in der Hauptsache der Mariahilf-Verein aufbrachte. Bei dieser Gelegenheit erhielt die Kirche einen neuen Hochaltar, die Himmelfahrt Mariens.

Das barocke Gnadenbild auf dem rechten Seitenaltar, gekrönt und reich gewandet, ist eine volkstümliche Arbeit. Die von Stuck umrahmten Fresken sind Werke der Brüder Asam. Sie stellen das Leben Mariens dar und Symbole der Lauretanischen Litanei. In der Vorhalle ist die Entstehungsgeschichte der Wallfahrt an die Decke gemalt.

Mariahilf in Freystadt ist einer der bemerkenswertesten Barockbauten unter allen Marienheiligtümern in weitem Umkreis von Franken.

Glosberg – Mariahilf

Ein weiteres Mariahilf-Heiligtum steht in Glosberg, einem Nachbarort von Kronach, auch hier wird eine reichgekleidete Himmelskönigin wie in Freystadt verehrt.

▷

Glosberg, Eingang zur Wallfahrtskirche, über dem Tor eine Immaculata, über dem Portal die Glosberger Madonna.

Die Bedeutung dieser Wallfahrt erkennt am deutlichsten, wer eine Reihe von Kirchen bis hinauf zur Zonengrenze besucht. Immer wieder wird er eine reichgekleidete Himmelskönigin finden, auch solche, bei denen die Kleidung aus Stein oder Holz besteht, und die Beschreibung spricht von einer »Glosberger Madonna«. Die Madonna dieser alten Wallfahrt des Frankenwaldes ist der Legende nach in der ersten Hälfte des 16. Jahrhunderts droben im Wald des Rauschenberges an einem Baum gefunden worden. Bald holte man das Bild herunter in den Ort und baute die erste Kapelle. Die heutige Wallfahrtskirche – der Turm ist ein Werk Balthasar Neumanns – steht am Fuße dieses Rauschenberges in Glosberg.

Anlaß zum Bau war ein Tränenwunder. Maria soll an drei Freitagen zwischen dem 28. März und dem 11. April (Karfreitag) 1727 blutige Tränen geweint haben. Die Untersuchung, die der Bamberger Bischof angeordnet hatte, brachte keine natürliche Erklärung dieser Erscheinung. Der Bischof blieb aber mißtrauisch und ließ die Figur nach Kronach in den Pfarrhof bringen. Die Gemeinde widersetzte sich. So kam das Bild wieder nach Glosberg. Danach war der Andrang der Wallfahrer so groß, daß bereits 1730 ein Steinbau begonnen wurde. 1733 wurde auf Veranlassung des Bischofs Neumann hinzugezogen.

Mit dem Kirchenbau übernahmen auch die Franziskaner die Wallfahrt. Als sie im Zuge der Klosteraufhebungen nach der Säkularisation Glosberg verlassen mußten, wurde Glosberg selbständige Pfarrei.

Heute nennt man das Gnadenbild von Maria Glosberg »Maria, Königin des Friedens«, und eine lateinische Inschrift unter dem Bild verspricht: »Meine Augen werden offen sein und meine Ohren werden auf das Gebet dessen gerichtet sein, der an diesem Ort betet.«

Habsberg – Heil der Kranken

Wenn man von Neumarkt nach Kastl fährt, kommt auf halbem Wege zunächst links die Abzweigung zum Marienwallfahrtsort Trautmannshofen und als nächste auf der rechten Seite die nach Engelsberg. Fährt man in derselben Richtung weiter, sieht man bald linker Hand den Habsberg. Oben auf dem Berg stehen zwei Kirchen: die Gnadenkapelle und die Wallfahrtskirche, zudem ein Jugendzentrum.

Wer die Wallfahrtskirche betritt, erblickt schon in der Vorhalle Reliefs an der Stirnwand: drei Kranke darstellend, die hilfesuchend zur Decke schauen: zu Maria. Auf dem Deckengemälde selbst wallt eine Prozession Erhörter oder um Erhörung Flehender hinauf zu den beiden Habsbergkirchen.

Das Motiv ergibt sich aus der Entstehungsgeschichte. Der Amtspfleger Panzer war so schwer an Gicht erkrankt, daß er sich nicht mehr bewegen konnte. Vor einer Marienfigur in seinem Schlafzimmer liegend, bat er um Hilfe. Dreimal wurde er des Nachts aufgefordert, eine Kapelle auf dem Habsberg zu errichten. Da ließ er sich auf den Berg tragen, die Kapelle bauen und die Figur aus seinem Schlafzimmer hineinstellen. Er war der erste genesene Kranke, dem später noch viele folgen sollten.

Nach verschiedenen übereinstimmenden Berichten geschah das zwischen 1680 und 1682. Dennoch wurde es bald wieder ruhig auf dem Habsberg. Erst einige wundersame Ereignisse führten ab 1727 erneut zu einem Ansteigen der Pilgerzahlen. Eine Gräfin aus der Familie Tilly, die in Freystadt den Kirchenbau gefördert hatte, ließ 1731 eine neue Kapelle bauen. 1736 gab es schon einen Wallfahrtspriester. 1743 zählte man 20000 Wallfahrer. 1760 bis 1769 wurde eine neue Kirche neben der Gnadenkapelle gebaut.

Anläßlich des 250jährigen Jubiläums im Jahre 1930 kamen 25 000 Pilger zur Feier. 1937 predigte der Eichstätter Bischof Michael Rackl vor 5000 Männern gegen den Ungeist der (nationalsozialistischen) Zeit und gründete am gleichen Tag eine marianische Männerkongregation. 1964 konnte ein Jugend- und Pilgerheim eröffnet werden. Heute sind es rund 20 000 Wallfahrer jährlich, die Touristen nicht mitgerechnet.

Die Gnadenkapelle beherbergt noch die alte barocke Himmelskönigin. Votivtafeln bezeugen auch Gebetserhörungen aus unseren Tagen. In der später erbauten großen Wallfahrtskirche bildet eine Immaculata auf dem Hochaltar den Mittelpunkt der Verehrung.

Unsere Liebe Frau von Höchberg

Höchberg ist ein selbständiger Ort, aber nahezu mit Würzburg zusammengebaut. Seine Wallfahrt hat zwei Höhepunkte erlebt: den ersten nach der Christianisierung und den zweiten in der Gegenreformation, aber erst nach Echters Tod. Ob die Wallfahrt allerdings schon zu Burkards Zeiten bestand, wie zu ihrer Wiederbelebung behauptet wurde, ist umstritten.

Die Gnadenstätte zu Unserer Lieben Frau war dann seit Johann Gottfried von Aschhausen bis zur Säkularisation die Wallfahrt der Würzburger Bischöfe. Von der Festung aus zogen sie auf der Alten Höchberger Straße zum Gotteshaus. Von dieser Glanzzeit zeugen Stationsbilder und das alte Wallfahrtslied »Von unserer Lieben Frauen zu Höchberg«. Das Gnadenbild ist eine Muttergottes aus dem 15. Jahrhundert, die im Barock Zepter und Krone erhielt. Inzwischen wurde es stiller um die Wallfahrt; nach Höchberg wallen aber immer noch die Würzburger Pfarreien Burkard, Elisabeth und Heilig-Kreuz sowie Heidingsfeld und Waldbüttel-

brunn; dazu kommt noch alljährlich die Wallfahrt des Dekanats Würzburg links des Mains.

Ingolstadt – Stadt der Madonnen

Herzog Ludwig der Bärtige von Ingolstadt hat wohl 1425 mit dem Bau der Frauenkirche begonnen. Er wollte es mit diesem Gotteshaus Städten wie München gleichtun. Vieles wurde zwar lange nicht so großartig, wie er es geplant hatte, aber zwei wichtige Schenkungen waren Folge dieser Planungen: einmal »Das goldene Bild Unserer Lieben Frau« aus Paris – Ludwigs Schwester war Königin Elisabeth von Frankreich. Die zweite waren großzügige Stiftungen, die er für die Kirche vorgesehen hatte, aber später mit päpstlicher Genehmigung zur Gründung der Universität verwendet wurden, aus der dann die Universität München hervorging. Die »goldene Liebe Frau«, auch die »Schöne« genannt, wurde bei der Säkularisation eingezogen und zertrümmert. Wir wissen aber, wie sie ausgesehen hat. Ihr Gegenstück, das nach Altötting kam, ist heute noch unter dem Namen »Goldenes Rößl« bekannt. Anstelle der »goldenen« wurde »Unsere Liebe Frau im Glas« auf einem Seitenaltar der Frauenkirche zur eifrig verehrten Gnadenmutter. Ihr hat man sogar Hilfe in Kriegsnöten zugeschrieben und die wiederholte Rettung der Kirche.

Die Schuttermutter

Bekannter ist die »Schuttermutter« in der Marienkirche: Unsere Liebe Frau an der Schutte. Es ist eine stehende Himmelskönigin aus dem 14. Jahrhundert, etwa der Zeit, zu der man die erste Kirche baute. Die heutige Kirche wurde 1740 eingeweiht und die Schuttermutter hierher übertragen. Das Deckengemälde erzählt eine abenteuerliche Geschichte vom Absägen des Kopfes der Schuttermutter. Ursprünglich haben die Augustiner die Wallfahrt betreut, später die Franziskaner. Nach der Zerstörung im Krieg bekamen die Franziskaner ihre ehemalige Kirche, die inzwischen Garnisonskirche geworden war, zurück und die Schuttermutter damit ein neues Heim.

Eine nicht unbedeutende Rolle für die Marienverehrung in Ingolstadt spielte der Marianische Meßbund bei den Franziskanern. Die Gründung dürfte auf den bekannten Franziskaner und Marienverehrer Johannes Nas zurückgehen, der als Bischof in Brixen starb. Das Marienbild, vor dem er immer gebetet hatte, wurde Titularbild und Gnadenmutter des Meßbundes, der zu seinem Gedenken 130 Jahre nach seinem Tod entstand.

»Die dreimal wunderbare Mutter«

Eine viel spätere Nachwirkung ging von dem eingangs erwähnten Gnadenbild im Liebfrauenmünster aus. Der bekannte Jesuit Jakob Rem hat dort aufgrund einer Erscheinung 1604 die Anrufung der Lauretanischen Litanei »Wunderbare Mutter« dreimal wiederholt. Es wurde die Anrufung des von ihm 1595 gegründeten Coloquium Marianum, eine Art Eliteorganisation der marianischen Kongregation. Für uns heute ist zwar bemerkenswert, daß sich dieses Colloquium noch 160 Jahre nach Rems Tod hielt, wichtiger ist aber, daß aus ihr die Schönstattbewegung und die Legio Mariae hervorging. Die Pallottinerstudenten von Schönstatt übernahmen 1915 den Titel »Dreimal wunderbare Mutter« für das Bild in ihrem Institut.

Die marianische Kongregation war von den Jesuiten 1577 gegründet worden, und zwar ein studentischer oder lateinischer Teil und eine Bürgerkongregation. Die Säkularisation brachte beide wieder zusammen. Gnadenbild war eine »Maria vom Siege« – das Kind stößt mit dem verlängerten Kreuzstab nach der Schlange zu Füßen der Mutter. Nach der Säkularisation zogen die Kongregationen mit ihrer Madonna in den Saal der Kirche Maria de Victoria (Viktorienkirche). Als besondere Kostbarkeit besitzt die Kirche die berühmte »Lepantomonstranz« zur Erinnerung an die für die Marienverehrung so wichtige Schlacht bei Lepanto.

*

Wenn eingangs von der Stadt der Madonnen die Rede war, so hat das, verglichen mit den anderen Städten, durchaus seine Berechtigung. In Ingolstadt sind alle Gnadenbilder Marienstatuen, während in den Städten Bamberg (Heinrich und Kunigunde, Otto), Eichstätt (Walburga, Willibald), Fulda (Bonifatius, Lioba), Nürnberg (die alten Reichskleinodien) und Würzburg (Kilian) die wichtigste Verehrungsstätte Heiligen geweiht war.

Die Immaculata von Ipthausen

Josef Dünninger hat einmal geschrieben, daß viele Gnadenstätten schon rein landschaftlich zu Verehrung und Andacht einladen. Wer von Bad Königshofen/Grabfeld hinaus zu der schlichten Wallfahrtskirche wandert, wird unwillkürlich daran erinnert. Bildstöcke, Kreuzschlepper und der Heiland an der Geißelsäule begleiten den Pfad im Schatten der Bäume. Heinrich Mehl schreibt darüber: »Die letzten Meter eines Pilgerwegs auf die Wallfahrtskirche zu sind nicht selten mit einer Fülle auch zeitlich verschiedener Denkmäler gesäumt ... Schließlich (gehört) der romantische Birkenpfad von Bad Königshofen nach Ipthausen dazu.«

Die Schuttermutter. ▷

88

In Ipthausen erwartet ihn dann eine Überraschung, wenn er die Tür des schlichten barocken Kirchenbaus öffnet. Was haben die Künstler des ausgehenden Rokoko aus diesen einfachen vier Wänden gemacht: eine umfassende Verherrlichung Mariens. Diese Wallfahrtskirche Mariä Geburt wurde zwischen 1746 und 1754 erbaut. Das Deckenbild, Triumph des Kreuzes, malte 1752 Georg Anton Ulrich; es ist zugleich eine Krönung Mariens.

Eigentlich müßte Ipthausen unter die Pieta-Wallfahrten eingeordnet werden; denn nicht die Immaculata am Hochaltar ist Ziel der Wallfahrt, sondern eine kleine Schmerzensmutter am rechten Seitenaltar.

Kälberau – Unsere Liebe Frau zum rauhen Wind

Kälberau ist heute ein Ortsteil von Alzenau. – Wir wissen, daß 1372 hier eine Kapelle stand. 1603 ist erstmals von einer Wallfahrt in dieser »Kirchenburg mit einer festen Ringgemauer« die Rede. Damals betreuten die Benediktiner – bis in die zweite Hälfte des 18. Jahrhunderts hinein – die Wallfahrt. Die Außenkanzel, heute ein Teil der alten Ringmauer, könnte einerseits zeigen, daß es sich um einen besuchten Wallfahrtsort handelt, andererseits aber wissen wir, daß sich bis 1774 die Gnadenmutter, eine 50 cm hohe Figur vom Ende des 14. Jahrhunderts, an der Außenwand des Chors in einer Nische befand, also die Außenkanzel gebraucht wurde. Die für alle Wallfahrten schlechte Zeit am Anfang des 19. Jahrhunderts überstand Kälberau verhältnismäßig gut. Eine Erweiterung plante man aber erst im ersten Jahrzehnt nach dem Ersten Weltkrieg. Ab 1947 gibt es alljährlich eine Heimkehrerwallfahrt des Kahlgrundes. Daraus entsprang der Anstoß zu einer Belebung der Wallfahrt zur Gottesmutter zum rauhen Wind und zum Bau einer neuen Wallfahrtskirche.

Seit 1957 steht die von Hans Schädel gebaute neue Kirche als Anbau zu dem alten gotischen Langhaus. Beide sind miteinander durch einen Gang organisch verbunden, in dem sich der Taufstein befindet. Das alte Gnadenbild wurde in einer Mandorla im alten Teil der Kirche neu aufgestellt. Der moderne Zentralbau birgt eine gotische Traubenmadonna.

Von Alzenau führt ein Sieben-Schmerzen-Stationsweg nach Kälberau. Es ist der Weg, den die regelmäßig kommenden Alzenauer Pilger nehmen. Der letzte Sieben-Schmerzen-Bildstock steht vor der Kirche.

Maria Dimbach – Rosenkranz-Madonna

Dimbach ist heute ein Ortsteil von Volkach am Main. Schon 1313 soll Bischof Andreas an einer Wallfahrt nach Maria Dimbach teilgenommen haben. Seither – mit einigen Unterbrechungen – gehört diese Kirche zum Benediktinerkloster Münsterschwarzach.

Die Gnadenmutter, eine sitzende Maria mit Kind, stammt aus dem Jahr 1394. Die von Hans Dünninger angezweifelte Ursprungslegende hat jetzt durch die Restaurierung des Gnadenbildes zwar keine Bestätigung, aber eine gewisse Erklärung gefunden. Die Legende erzählt, eine Bäuerin habe ihr Kind während der Arbeit auf den Ackerrain gelegt. Dort raubte es ein Wolf. Darauf sei die Bäuerin flugs in die Kirche gerannt und habe der Gottesmutter das Jesuskind vom Arm genommen. Sie drohte, es nicht eher zurückzubringen, bevor sie nicht ihr eigenes wiedererhalte. Als ihr der Wolf das Kind vor die Füße legte, habe sie das Jesuskind zurückgebracht, es jedoch auf den falschen Arm der Gottesmutter gesetzt. Bei der Restauration zeigte sich, daß der Wechsel vom linken zum rechten Arm zumindest denkbar ist. (Ausführlich bei: Wolfgang Brückner, Gnadenbild und Legende, Würzburg 1978.)

Die über 200 Stufen mit den drei Madonnenfiguren unterwegs sind das einmalige Merkmal des Wallfahrtsortes Maria Ehrenberg.

Seit 1629 besteht eine Rosenkranzbruderschaft, nachdem die Wallfahrt – 1525 wurde die Propstei geplündert – wieder aufblühte. Ob daher der Titel »de rosario« kommt oder ob umgekehrt deshalb die Rosenkranzbruderschaft gegründet wurde, bleibt offen. Die Wallfahrt galt als nahezu erloschen. Nach Beendigung der Restaurierung – sie zieht sich schon Jahre hin – könnte sie sich vielleicht wieder beleben.

Maria Ehrenberg

Wenn man die Autobahn Würzburg–Fulda an der Ausfahrt Bad Brückenau-Volkers verläßt und auf der Bundesstraße 27 weiter nach Fulda fährt, findet man im Wald zwischen Kothen und Motten rechter Hand die Abzweigung zur Wallfahrtskirche Maria Ehrenberg.

Die bäuerliche, thronende Gottesmutter – Zepter und Kronen sind verloren, nur das Kind hat noch den Reichsapfel – stammt etwa aus dem 15. Jahrhundert. Man glaubt aber, daß die Wallfahrt erst nach dem Dreißigjährigen Krieg begann. Die Entstehungssage erzählt von dem Bild, das zur Buche zurückkehrt, und läßt dies schon lange vorher geschehen.

Die Wallfahrtskapelle ließ der Fuldaer Fürstabt wohl erst um 1670 erstellen, sie dürfte aber am Ende des Jahrhunderts fertig gewesen sein. Um 1730 mußte man sie vergrößern. 1736 wurde die lange und steile Treppenanlage – 254 Stufen mit vielen Unterbrechungen – zu der immerhin 674 Meter hoch liegenden Wallfahrtskirche gebaut, die heute mit das Bild dieser Wallfahrt prägt (inzwischen ist die Treppe teilweise baufällig). Die blühende Wallfahrt wurde schon 1777 unterbrochen, als der Fürstabt die große Fuldaer Prozession an Mariä Himmelfahrt untersagte und dann zehn Jahre später ganz verbot. Er ließ das Gnadenbild hinunter nach Kothen bringen (wohin die Kirche heute noch ge-

hört). Der nächste Fürstabt machte diesen Eingriff rückgängig, aber inzwischen kam die Säkularisation und die Umverteilung der Gebiete, jedenfalls zählt Maria Ehrenberg seit 1821 endgültig zum Bistum Würzburg.

1937 wurde das Gebiet Truppenübungsplatz, die Kirche sollte abgerissen und das Gnadenbild auf den benachbarten Volkersberg gebracht werden, was dann doch verhindert wurde. 1959 ist ein Kirchenneubau eingeweiht worden, wobei der bisherige barocke Hochaltar verschwand.

Mehr als die schlichte Kirche prägt die Treppenanlage mit den drei Plateaus dazwischen, auf denen jeweils eine Madonna steht, das Bild dieser in der Rhön beliebten Wallfahrt. Die Anlage beginnt eigentlich schon unten am Fuß des Berges beim Marienbrunnen mit einem Halbfigurenbild in Sandstein, die drei anderen Madonnen sind überlebensgroße Himmelsköniginnen ohne Kind.

Die erste hält eine Hand auf der Brust und lädt mit der Rechten den Pilger ein. Die zweite hat beide Hände auf der Brust und die dritte Figur streckt dem Pilger beide Hände entgegen.

Obwohl die Wallfahrt jetzt inmitten eines Militärgeländes liegt, kommen immer noch Prozessionen aus der gesamten Umgebung, besonders an den Marienfesten, auf den Berg.

Marienweiher im Frankenwald

Zwischen Kulmbach und Münchberg zweigt vor und in Marktleugast rechts eine Straße nach Marienweiher ab. Mit seinem 800jährigen Bestehen muß Marienweiher zu den ältesten Wallfahrten Frankens gezählt werden. Die erste Kapelle wurde noch vom heiligen Otto (siehe: Bamberg) eingeweiht. Die Legende vom Fuhrmann, der vor den Räubern gerettet wurde und aus Dankbarkeit Bild und Kapelle stiftete, reicht nicht für die Namengebung aus. Letzterer soll nach den Hussiteneinfällen (1430) entstanden sein, als man die Madonna rettete, indem man sie im Weiher verbarg. Damals aber wird von den immer zahlreicher werdenden Pilgern gesprochen. Nach dem Hussitenüberfall baute man eine neue Kirche, weil von der abgebrannten nur der Chor übriggeblieben war. Seit 1189 wurde Marienweiher von den Zisterziensern des Klosters Langheim betreut (zu dem später auch Vierzehnheiligen gehörte).

Marienweiher, die Ursprungslegende auf einer Zeichnung des letzten Jahrhunderts.

Das festlich gekleidete, gekrönte Gnadenbild dürfte aber erst aus der zweiten Hälfte des 15. Jahrhunderts stammen. Die Reformation traf die Wallfahrt hart. Erst nach 1590 übernahm ein katholischer Geistlicher erneut die Seelsorge. Danach muß sie sich sehr rasch erholt haben. 1644 wurde die Wallfahrt drei Franziskanern übertragen und 1699 waren dann in diesem Konvent schon zwölf Patres tätig. Damals wurde auch eine neue Kirche notwendig, die 1721 zum jetzigen Bau umgestaltet wurde.

Hier ist es nicht die reich ausgestattete Kirche allein, die beeindruckt – sie liegt erhöht und ist von weither zu sehen –, sondern die ganze Umgebung. Der von Vierzehnheiligen her bekannte Küchel schuf eine größere Anlage, zu der Ende des 19. Jahrhunderts noch eine Mariensäule und eine Lourdesgrotte kamen. Kreuzwegstationen führen zu dem Platz vor der Kirche, der durch Klosterbau und Kirche, die ein Bogengang miteinander verbindet, ein geschlossenes Ganzes bildet. In dessen Mitte steht eine große Himmelskönigin, die rechts und links von den letzten Kreuzwegstationen flankiert wird.

Marienweiher gilt als eine der größten Marienwallfahrten des Erzbistums Bamberg. Einst vom hl. Otto als Mittelpunkt der Missionierung dieses Gebiets gedacht, spielte Marienweiher in der Gegenreformation wieder eine ähnliche Rolle.

Die Wallfahrtszeit beginnt heute mit der Bittwoche – die Zeit, in der die Wallfahrer aus der Rhön kommen – und endet mit dem Rosenkranzsonntag. Ein Blick in die übervolle, sogenannte Wachskammer zeigt, daß dort auch Ereignisse aus jüngerer Zeit – Autounfall, Kriegserlebnis, Eisenbahnunglück – ihren Niederschlag fanden.

Bei Steinbach direkt an der Straße liegt ein doppelseitiger Bildstock mit dem Gnadenbild von Marienweiher. Von einem Rastplatz aus sieht der Pilger die Wallfahrtskirche in ihrer ganzen Größe vor sich liegen.

Maria im Grünen Tal

Maria im Grünen Tal bei Retzbach (zwischen Würzburg und Karlstadt), der älteste Wallfahrtsort des Bistums Würzburg, kann 1229 den ersten Ablaß urkundlich nachweisen. Schon Ritter Bodo von Ravensburg (beim heutigen Veitshöchheim) hat 1202 an der Gnadenstätte eine Kapelle errichten lassen. Während der Ereignisse des 16. Jahrhunderts waren die Wallfahrt und die Marienbruderschaft erloschen. Daß sie im 17. und 18. Jahrhundert eine neue Blüte erlebte, dürfte nicht zuletzt Verdienst der wiedergegründeten Marienbruderschaft gewesen sein.

Die jetzige Kirche, ein Werk Schädels, wurde nach dem Einsturz des Kirchenschiffs 1968 gebaut. Otto Sonnleitner hat zum alten Gnadenbild (aus der Zeit um 1300) einen neuen Altar geschaffen. Er steht im erhalten gebliebenen gotischen Chor.

Die Wallfahrt nach Retzbach blieb so lebendig wie eh und je. 1969 hat die Gnadenstätte durch Bischof Stangl eine neue Bestimmung erhalten: »Gebetsort um die Einheit der Christen«. Seither steht die Kirche allen christlichen Religionen für Andachten offen.

Ein Würzburger Gebetbuch vom Ende des 18. Jahrhunderts enthält viele Gebete und Lieder unter der Bezeichnung »Muttergottesgesänger«. Das längste ist das zu »Unserer Lieben Frau im Grünen Tal«.

Von der Wallfahrtskirche führt ein steiler Kreuzweg auf die Bergeshöhe, und hinter der Kirche sprudelt eine Quelle, von der die Wallfahrer jetzt wieder Wasser mit nach Hause nehmen. Erwähnt sei noch, daß eine Würzburger Bürgerbruderschaft eine Schiffswallfahrt durchgeführt hat (wie die Mainzer nach Walldürn). Oft kommen die Würzburger Kommunionkinder am Montag nach dem Weißen Sonntag heute noch ebenfalls per Schiff nach Retzbach. Die traditionsreiche Fulda-

Eichsfelder Walldürn-Wallfahrt macht hier alljährlich Station.

Der Findelberg bei Saal

Der Findelberg ist eine jener Wallfahrtsstätten, in deren näheren Umgebung sich die Andachtsbilder häufen. Das beginnt mit einem sehr schönen Nepomuk und einer Madonna auf der Saalebrücke, über verschiedene Stationen und Bildstöcke rund um den Berg und endet an der Wallfahrtskirche inmitten eines Friedhofs mit einer Kreuzigungsgruppe und einem Heiligenhäuschen, das rundum mit Danktäfelchen und Bildern behängt ist. In diesem offenen Kapellchen steht auf einem kleinen Altar eine Pieta, und den Altartisch bedeckt ein Relief der Grablegung Christi. Nimmt man dazu, daß Saal früher eine Kirchenburg war und der Ort selbst reich an Bildstöcken, Hausmadonnen und Hausheiligen ist, so ergibt sich ein vollständiger Prozessionsweg von der Pfarrkirche bis zur Wallfahrtsstätte.

Verehrt wird dort eine Trösterin der Betrübten, eine Figur, die Ende des 19. Jahrhunderts entstand und in die man die Reste des kurz zuvor verbrannten Gnadenbildes einfügte.

Die ersten umfassenden Berichte sprechen von Zerstörungen im 16. Jahrhundert, wobei erwähnt wird, daß schon zuvor die Wallfahrt mehr oder weniger eingeschlafen war. Etwa um 1600 beginnt für die Wallfahrt die Blütezeit. Echter hatte Saal zur selbständigen Pfarre gemacht und die Betreuung des Findelbergs zu deren Obliegenheiten bestimmt. Von da ab wird die Kirche vergrößert, Altäre werden erstellt. Aus dem Jahre 1685 wird berichtet, daß der Findelberg unter den Wallfahrten des Bistums die dritte Stelle einnehme. 1766 kam der Stationsweg hinzu und zwischen 1781 und 1788 entstand die jetzige Kirche.

Die alten Marienhauptfeste sind heute noch die Hauptwallfahrtstage.

Schneeberg – Muttergottes auf dem Holderstock

Zwischen Walldürn und Amorbach am Rande des Odenwaldes liegt Schneeberg.

Die erste Kirche soll im Jahre 1445 zu Ehren der seligsten Jungfrau Maria eingeweiht worden sein. Bischof Rudolf von Scherenberg gewährte, nachdem er die Mirakelberichte hatte prüfen lassen, den ersten Ablaß im Jahre 1470.

Ausgerechnet im Jahre 1521, einer Zeit, wo in vielen anderen Wallfahrtsorten der Niedergang begann, baute man an der bisherigen Kirche die Gnadenkapelle an, wobei der Holderstock, auf dem die Gottesmutter – eine thronende Himmelskönigin – stand, miteinbezogen wurde. Den Holderstock soll es vor 100 Jahren noch gegeben haben.

Die Berichte von der Verbrennung von Krücken und anderen Gegenständen durch die Schweden lassen vermuten, daß Schneeberg auch sonst die Reformationszeit gut überdauerte. Die Gegenreformation brachte dann die Hochblüte dieser Wallfahrt im Odenwald.

Sie gehörte von Anfang an zur Benediktinerabtei in Amorbach. Bis zur Säkularisation wallten die Mönche von Amorbach einmal wöchentlich nach Schneeberg. Die Kirche liegt außerdem auf dem Wallfahrtsweg nach Walldürn.

Da Schneeberg den Hochaltar der Pfarrkirche von Hardheim bekommen hat, rühmt man sich, daß an diesem Altar bereits Liborius Wagner, als Kaplan in Hardheim, Messe gelesen habe.

Die Wallfahrt scheint das 19. Jahrhundert keineswegs so gut überstanden zu haben wie das 16. Jahrhundert. Jedenfalls lag sie zu Beginn unseres Jahrhunderts dar-

Inneres der Wallfahrtskirche Maria im Grünen Tal bei Retzbach mit dem alten Gnadenbild in dem neuen bildstockartigen Altaraufsatz von Otto Sonnleitner.

nieder. Heute hingegen ist Schneeberg wieder einer der besuchtesten Wallfahrtsorte dieses Gebiets zwischen Aschaffenburg und Walldürn, zweifellos das Verdienst eines sehr rührigen Pfarrherrn.

Trautmannshofen – Zur unversehrten Mutter

Auf der Jurahöhe zwischen Neumarkt und Amberg, im Bistum Eichstätt, liegt die ehemalige Kirchenburg Trautmannshofen mit ihrem heute noch trutzigen Kirchturm.

Die erste Kirche zu Unserer Lieben Frau soll vor etwa 600 Jahren errichtet worden sein – damals zu Sankt Emmeran in Regensburg gehörend. Aus den Hussitenkriegen stammen die ersten Berichte über die versuchte Verbrennung des Gnadenbildes durch Kriegshorden, woraus es unversehrt hervorging und so seinen Namen zur unversehrten Mutter erhielt. Dieses Wunder scheint Anstoß zur Wallfahrt geworden zu sein. Sie entwickelte sich dann bis zur Einführung der Reformation im Jahre 1544.

Der Landesfürst zog die Kirchenschätze ein. Die Wallfahrt verfiel. Aber das Gnadenbild entging auch in kalvinistischer Zeit der Vernichtung. Im Dreißigjährigen Krieg blühte die Wallfahrt wieder auf. Eine Kirchenvergrößerung wurde geplant. Der Zustrom wuchs aber so an, daß man einen Neubau von Dientzenhofer errichten ließ, bei dem nur der alte Wehrturm beibehalten wurde, in dessen Innerem sich heute noch der Chor befindet. 1691 wurde die neue Kirche eingeweiht.

Bis Ende des 18. Jahrhunderts gedieh die Wallfahrt weiter, gefördert zunächst durch den bayerischen Kurfürsten Maximilian I. und seinen Sohn Ferdinand-Maria und die Familie des Generals Tilly, die auch an anderen Wallfahrten dieser Gegend beteiligt war.

Dem bayerischen Kurfürsten wird auch die Anregung zu dem Programm »Maria vom Siege« zugeschrieben, das in der barocken Kirchenausstattung systematisch verfolgt wurde.

Seit rund 150 Jahren besteht die Herz-Mariä-Bruderschaft, deren Andachtsstätte der rechte Seitenaltar mit dem Gnadenbild ist, das in einem herzförmigen Rahmen steht. Das Gnadenbild selbst ist eine Gottesmutter, vielleicht des 15. Jahrhunderts, das barock gekleidet und gekrönt wurde. Votivbilder aus alten Zeiten in der Seitenkapelle sprechen von der ständigen Verehrung. Hauptwallfahrtstage sind die »Trautmannshofer Kirchweih«, daneben die Fatimatage an jedem 13. der Monate Mai bis Oktober, die Fastensonntage und die Marienfeste.

Am Herz-Mariä-Bruderschafts-Altar steht das Gnadenbild in einem herzförmigen Glaskasten.

»Fernwallfahrten«

Es sind immer wieder die eigenen fränkischen Wallfahrten, deren Echo man auf den Bildstöcken und in
den Kapellen und Kirchen findet, und nur vereinzelt
entdeckt man auch Erinnerungen an Gnadenbilder, die
außerhalb von Franken liegen, mit einer Ausnahme:
Lourdes.

Lourdesgrotten gibt es in vielen Orten und oft sogar direkt neben einer alten örtlichen Wallfahrt. Sekundär-
wallfahrten von berühmten Wallfahrtsorten sind aber –
abgesehen von Mariahilf natürlich – nur einige wenige
entstanden: Lauretana, Maria Einsiedeln, Maria
Schnee. Ein paar Bildstöcke erinnern z. B. an Maria Taferl und Sonntagsberg (am Fuße des Findelbergs bei
Saal). Aber bei Bildstöcken ist es oft schwierig, das ge-
meinte Gnadenbild genau zu bestimmen, wenn es der
Inschrift nicht zu entnehmen ist. Das liegt an den Kopien, die oft nach schlecht gedruckten Gebetszetteln
gefertigt wurden, und auf diesen kleinen Grafiken war
das Gnadenbild oft nur deshalb zu erkennen, weil sein
Name darunterstand. Besonders schwierig wird es
dort, wo ein Gnadenbild im Festgewand dargestellt ist.
So steht auf der Brücke in Oberstreu eine Himmelskönigin, die – in Stein – eine Kopie der Mariazeller, der
Kevelarer, der Altöttinger, der Lauretana und sonst
noch ein halbes Dutzend ähnlicher Madonnen im Festgewand sein könnte. Es kann aber auch eine fränkische
sein. Es gibt z. B. von der Maria im Grünen Tal einen
Gebetszettel, auf dem sie im Festgewand dargestellt ist.
Soll man diesen Gebetszettel etwa als Vorlage für die
Madonna in Oberstreu oder der in der Blasiusgasse in
Würzburg sehen? Denn auch eine ganze Anzahl fränki-
scher Madonnen erhielten im Barock ein Festgewand,
das sie zum Teil heute noch tragen, wie die Madonna in
der Oberen Pfarre in Bamberg.

*Die bekannten Marienwallfahrtsorte auf einer Zeich-
nung von 1780. Die Hälfte davon war auch in Franken
gut bekannt.*

Zum gegeißelten Heiland in der Wies

Die verhältnismäßig späte Entstehungszeit – 1730 – der Wallfahrt in die Wies mag die Ursache dafür sein, daß es wohl Bildstöcke und zahlreiche plastische Darstellungen »Christus an der Geißelsäule« in Franken gibt, aber keine eigentliche Sekundärwallfahrt.

Heinrich Mehl sagt aber: »Auch in Rhön-Grabfeld nehmen einige der Plastiken inschriftlich auf die Wallfahrt zur Wieskirche Bezug, sind in Erinnerung an eine Pilgerreise gestiftet, in Erfüllung eines Gelübdes oder als Geste der Bitte oder des Dankes an das beliebte Gnadenbild.«

In Franken war schon im 15. Jahrhundert der Ecce homo ein Verehrungsbild, z. B. auf gotischen Bildstökken in Oberstreu, in Dörfleins, in Werbach und Gamburg. Der gegeißelte Heiland an der Säule erscheint nur vereinzelt, nicht zuletzt wohl durch die späte Entwicklung der Wies-Wallfahrt. So kommen von den nicht ausdrücklich auf die Wies bezogenen Darstellungen nur die aus der zweiten Hälfte des 18. Jahrhunderts, wie die Rokokofigur in der Klosterkirche Tauberbischofsheim, in Frage. Da wir wissen, wie wenig genau oft Nachbildungen sind, besteht durchaus die Möglichkeit – und bei manchen beweist es die Inschrift –, daß ein anderer Typus Vorbild war, wie so oft der bekleidete Heiland, dann der mit der Schulterwunde oder der »Kerker-Heiland«. Der Wies-Heiland trägt nur ein Lendentuch, und seine typischen Merkmale sind die Hals- und die Armketten, die jeweils mit einer Schelle befestigt sind. Die größte Verbreitung findet er in Oberfranken im Bistum Bamberg mit rund 50 Kopien (Mittel- und Unterfranken besitzen jeweils ein rundes Dutzend). Anreger dieser Verehrung dürfte Fürstbischof Graf Adam Friedrich von Steinheim gewesen sein, der auch seine Primiz in der gerade fertiggestellten

Der gegeißelte Heiland in der Wies, abgebildet auf einem alten Gebetszettel, mit Ketten um Hals, Oberarmen und dem Leib, eine für dieses Gnadenbild typische Darstellungsweise.

ECCE-HOMO-BILDSTÖCKE

Schon seit dem 15. Jahrhundert ist der Ecce homo Thema der Bildstöcke. Im 18. Jahrhundert – nach der Entstehung der Wallfahrt zum gegeißelten Heiland in der Wies – wird Christus an der Geißelsäule ein beliebtes Motiv.

Von links nach rechts:

Dörfleins, vierseitiger Bildstock in der Ortsmitte, eine Seite zeigt den Ecco homo.

Oberstreu, vierseitiger Bildstock am Ortsrand. Eine der beiden Hauptseiten zeigt den Ecce homo.

Gamburg, neben der Tauberbrücke Ecce homo von 1427.

Werbach, Ecce homo am Ortsrand, wahrscheinlich ebenfalls von 1427 (Schriftblock von 1630).

Tauberbischofsheim, spätbarocker Christus an der Geißelsäule in der Liobakirche.

Oberspiesheim, an der Straße außerhalb des Ortes: der Heiland an der Geißelsäule von 1769.

Wieskirche feierte. Anläßlich der 100-Jahr-Feier im 19. Jahrhundert entstanden neue Nachbildungen.

Ein Altöttinger Gebetszettel: Maria im Festgewand. Die Altöttinger Gottesmutter findet man heute in einigen fränkischen Kirchen (Hochhausen, Löffelstelzen usw.) auch in Darstellungen ohne Festgewand. Am Käppele in Würzburg hat sie sogar einen eigenen Raum erhalten, in dem sie verehrt wird.

Die Lauretana

Die Lauretana ist die Madonna, die in Loreto im Haus Mariens verehrt wird, eine ganz schmale Mutter mit Kind, die aus einem Stamm herausgeschnitzt worden ist und so zu dieser schmalen Form gekommen sein soll. Die der Lauretana ähnlichste Figur ist am Schönenberg, einem Ortsteil Ellwangens, Ziel der Pilger.

Altarbild vom Würzburger Neumünster von Nikolaus Treu: Übertragung des Hauses Mariens nach Loreto.

Das winzig kleine Figürchen steht in einem »Haus Mariens«, während eine große Kopie in der Kirche hängt. Die Wallfahrt erlebte nach dem Dreißigjährigen Krieg einen Höhepunkt. So konnte schon bald die ursprüngliche Holzkapelle – nach den Maßen des Hauses Mariens in Loreto – durch einen Kirchenbau ersetzt werden, und 1685 war dann die heutige große barocke Kirche fertig. Seit 1792 führen 15 Stationskapellen auf den Berg. Nach der Säkularisation übernahmen die Redemptoristen die Wallfahrt, die vorher die Jesuiten zur Blüte gebracht hatten.

Jesuiten waren es auch, die die Loreto-Wallfahrt nach *Effeldorf,* der ehemaligen Rast- und Gebetsstation auf dem Wege nach Dettelbach, betreuten. Auch hier entstand 1652 zunächst eine Kapelle nach den Maßen des Hauses Mariens. Gnadenbild wurde eine vergoldete Nachbildung der Lauretana. Ein schwarzer Spitzenschleier, der mit der Madonna in Loreto in Berührung gebracht worden war, und eine Silberschale in der Form der Tonschalen, wie sie in Loreto heute noch zu haben sind, gehören zu dieser Wallfahrt. 1778 wurde das »Haus Mariens« Chor der heutigen Dorfkirche. Immer noch kehren Dettelbach-Pilger hier ein.

Das alte Gnadenbild von *Rengersbrunn* ist seiner ganzen Anlage nach eine Lauretana. Hier wurde aber das Wasser des Rengersbrunnen, Liebfrauenmilch genannt, ein wesentlicher Bestandteil der Wallfahrt (wie in Arnshausen der Derzenbrunnen und in Wemding Maria Brünnl).

Noch näher als die Rengersbrunner Madonna kommt die in der Talkirche bei *Münnerstadt* an die Lauretana heran. Das läßt durchaus glaubhaft erscheinen, daß die kleine Holzkapelle auch noch nach dem Kirchenbau, an den sie angefügt ist, die eigentliche Wallfahrtsstätte war, dann nämlich, wenn diese Kapelle ein Haus Mariens sein sollte.

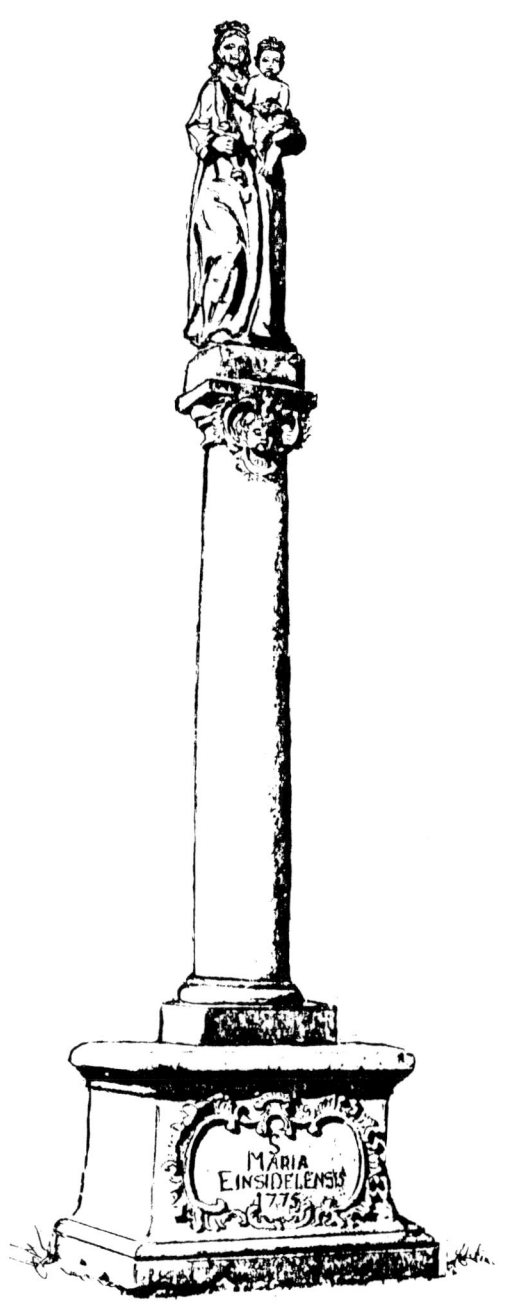

Jetzt steht vor der Berufsschule in Tauberbischofsheim (früher an der alten Straße nach Königheim) eine »Maria Einsiedelensis« von 1775. Heute noch findet alljährlich eine Wallfahrt von Tauberbischofsheim nach Einsiedeln statt.

In der Neumünsterkirche in *Würzburg* zeigt das Altarbild des rechten Seitenaltars (von Treu) die Übertragung des Hauses Mariens durch die Engel.

Maria Schnee

Maria Schnee hat viele Namen. Die Urmadonna ist das Bild »Salus populi Romani« in Santa Maria Maggiore in Rom – ein Lukasbild. Die unter diesem Titel verehrten Bilder sind aber oft vom Original wesentlich abweichende Darstellungen.

Zwar versichert das Maria-Schnee-Bild in *Unterebersbach*, die »Wahre Abbildung des miraculosen Originals in Rom in der Kirche Maria z. Schnee, nun aber Maria, die größere genannt, auch an dasselbe angerührt, welches St. Lukas selbst gemacht hat«, zu sein, aber es kann sich nur um eine gewisse Ähnlichkeit mit dem Original – ins Barocke umgesetzt – handeln. Ebenso frei ist auch die Kirche Santa Maria Maggiore dargestellt. Maria mit dem Jesuskind schwebt über dieser Kirche, die inmitten einer kirchenreichen Stadt steht. Die seit 1599 von Echter gegründete Maria-Schnee-Bruderschaft hatte das Bild im Jahre 1723 erhalten, und 120 Jahre später bekam dieselbe Bruderschaft einen Ablaß für ihr Titularfest.

Auch *Röllbach* besitzt eine Maria-Schnee-Kapelle. Hier besteht die Ähnlichkeit mit dem römischen Original hauptsächlich in der Tatsache, daß es sich wieder um ein Halbfigurenbild handelt. Die Kapellenbau-Legende berichtet, daß der Grundriß des Baues mitten im Sommer durch Schnee über Nacht festgelegt wurde. Hinter dem Altar steht heute noch der alte hölzerne Bildstock, auf dem das Bild gefunden worden war. Von ihm nehmen sich die Pilger kleine Holzsplitter mit nach Hause. Von dem großen Zustrom, den diese Wallfahrt hatte, zeugen Freikanzel, Altar und offene Halle.

Ein Förderer der Maria-Schnee-Verehrung war der Kanoniker Retzmann an der Stiftskirche in *Aschaffenburg*. Er hat nicht nur 1515 ein Buch darüber veröffentlicht, sondern war auch Stifter des dreiteiligen Maria-Schnee-Altars. Dessen Mittelbild ist heute kein Ziel von Wallfahrern, aber sicher das von Verehrern und Kunstinteressenten: die *Stuppacher Madonna*. Die Darstellung des römischen Schneewunders fand sich auf einem Seitenflügel des Altars, heute im Augustinermuseum, Freiburg.

An der südlichen Stadtmauer von Bad Neustadt steht ein doppelseitiger Bildstock, der an zwei österreichische Wallfahrtsorte erinnert: Maria Taferl (»Gnadenbild Unserer Lieben Frauen Maria Taferl«) und den Sonntagsberg (»Gnadenbilt auf dem Sonntagsberg in Steyrmarck«).

Blick von der Terrasse von St. Michael auf den Fuldaer Dom.

Die »geistlichen Städte«

Die Zentren Frankens – Bamberg, Eichstätt, Fulda, Nürnberg, Würzburg – waren zugleich Wallfahrtsstädte und sind es zum größten Teil heute noch. Gewiß kann sich keine mehr mit den beiden größten fränkischen Wallfahrtsorten – Vierzehnheiligen und Walldürn – messen und wahrscheinlich auch mit einigen anderen nicht wie Amberg, Fuchsmühl, Gößweinstein oder auch Schwandorf. Es ist schwierig, große Städte in dieser Beziehung mit Wallfahrtsorten zu vergleichen, bei denen sich alles am zentralen Gotteshaus abspielt.

Das war nicht immer so. Im Mittelalter waren diese Städte die großen Zentren, ja sie wären nie zu Städten geworden, wären sie nicht zentrale Wallfahrtsorte gewesen. Davon vermögen wir uns heute kaum mehr eine richtige Vorstellung zu machen. Die Heiltumsfahrten – wie sie genannt wurden – zu bekannten Städten waren große kirchliche Ereignisse. Dazu muß man sich vor Augen halten, daß an den Hauptwallfahrtstagen die »Heiltümer«, die Reliquien, mit erheblichem Aufwand sowohl in bezug auf das Zeremoniell wie auch von der Zahl der beteiligten Geistlichkeiten her dem »Volk« gezeigt und die Reliquien »ausgerufen« wurden.

Je mehr oder je angesehenere Reliquien eine Stadt vorzuweisen hatte, desto größer waren ihr Ansehen und auch ihre wirtschaftliche Entwicklung; schließlich kam viel Volk zusammen. Solche Heiltumsfahrten konnten auch als Sühne angeordnet werden, und zwar nicht nur von kirchlichen Stellen als Buße für schwere Sünden, sondern auch von weltlichen Gerichten für größere und kleinere Verbrechen, ähnlich wie man Frevler dazu verurteilen konnte, zur Sühne für eine Missetat am Ort der Schandtat einen Bildstock oder ein Kreuz zu errichten. Außerdem waren solche Heiltumsfahrten, wie viele Wallfahrten bis heute, oft »verlobt«, d. h., man hatte sie als Dank für eine erfüllte Bitte gelobt. Das ist fast immer der Fall bei Traditionswallfahrten, die einzelne Orte regelmäßig zu einem bestimmten Wallfahrtsort gemeinsam durchführen.

Eingeleitet wurde jeder neue Kult mit der feierlichen Translation der Reliquien. Der Tag dieser Übertragung war so wichtig, daß an ihm nicht nur die großen Wallfahrten zusammenströmten, er wurde auch ein Fixpunkt im Kalender, nach dem man rechnete, gleichgültig, ob in Zeit, Toten- oder Jahrbüchern. Nicht unwichtig war im Zusammenhang mit den Reliquien die Bestimmung des Zweiten Konzils von Nicäa, daß jeder Altar eine Reliquie enthalten müsse.

Vom Ende des 15. Jahrhunderts sind uns »Heiltumsbüchlein« von Bamberg, Nürnberg und Würzburg erhalten. In dem Bamberger werden in 136 (!) kleinen Holzschnitten die Reliquien dieser Stadt dargestellt. Auf dem Titelbild tragen Heinrich und Kunigunde das Dommodell. Das Titelbild des Nürnberger Heiltumsbüchleins zeigt Sebaldus und Lorenz neben der Madonna, das Würzburger einen Bischof zwischen Kilian und Burkard.

Heiltumsbücher waren zunächst ein Katalog der Reliquien eines Ortes. Sie ermöglichten es dem Pilger, dem Vorzeigen der Reliquie durch einen Priester, dem »Vocalissimus«, in seinem Buch zu folgen. Das wird auch im Titel ausgesprochen, wenn es wie in Nürnberg heißt: »Wie das hochwirdigist Auch keiserlich heiligthum Alle Jare auß gerufft und geweist wirt.« Wobei das »Auch keiserlich heiligthum« die Reichsinsignien waren. Aus dem Bamberger Büchlein geht hervor, daß das »Vorweisen und Ausrufen« nur »pfligt alle mal über siben Jare« stattzufinden. Zu jeder Reliquienabbildung gehört ein Loblied, etwa wie zum Finger des heiligen Johannes: »Der Fynger des heiligen S. Johans des Tauffers, damit er cristum hat gezeiget und gesprochen nembt ware das ist das Lamp gottes der do tregt die sünd der Werlt.«

DAS HEILTUM ZU NÜRNBERG

*Die feierliche »Weisung und Ausrufung der Heiltumer«
in Nürnberg, aus »Heiligtum zu Nürnberg« von Peter
Vischer aus dem Jahre 1487.*

DAS HEILTUM ZU NÜRNBERG

*Das Nürnberger Heiltumsbüchlein von Hans Mayr aus
dem Jahre 1498: »Wie das hochwirdigist Auch keiserlich heiligthum Und die grossenn Romischen genad dar
zu geben ist und Alle Jare auß gerufft und geweist wirt
In der loblichen Stat Nuremberg.«*

Wie das hochwirdigist Auch keiserlich heiligthum Vnd die grossenn Romischen genad dar zu geben ist und Alle Jare auß gerufft vndgeweist wirt Jn der loblichen Stat Nuremberg

DAS HEILTUM ZU NÜRNBERG

Das Heiltum zu Nürnberg, so wie es Peter Vischer 1487 gezeichnet hat. Zunächst die Reichsinsignien:
»Des ersten sein keiserliche kron Die vil heiltums und zierde in ir beschlossen ist und darunter er fil tugent gewurckt hat.

※

»Item ein praune Ein schwartze Und ein weisse geweichte cleidung genant dalmatica Cormantel Stol Gurtl Czepter Meigestatopffel und vil ander einem keiser zugehorender dinge Bey zweintzig stucken oder mer.«

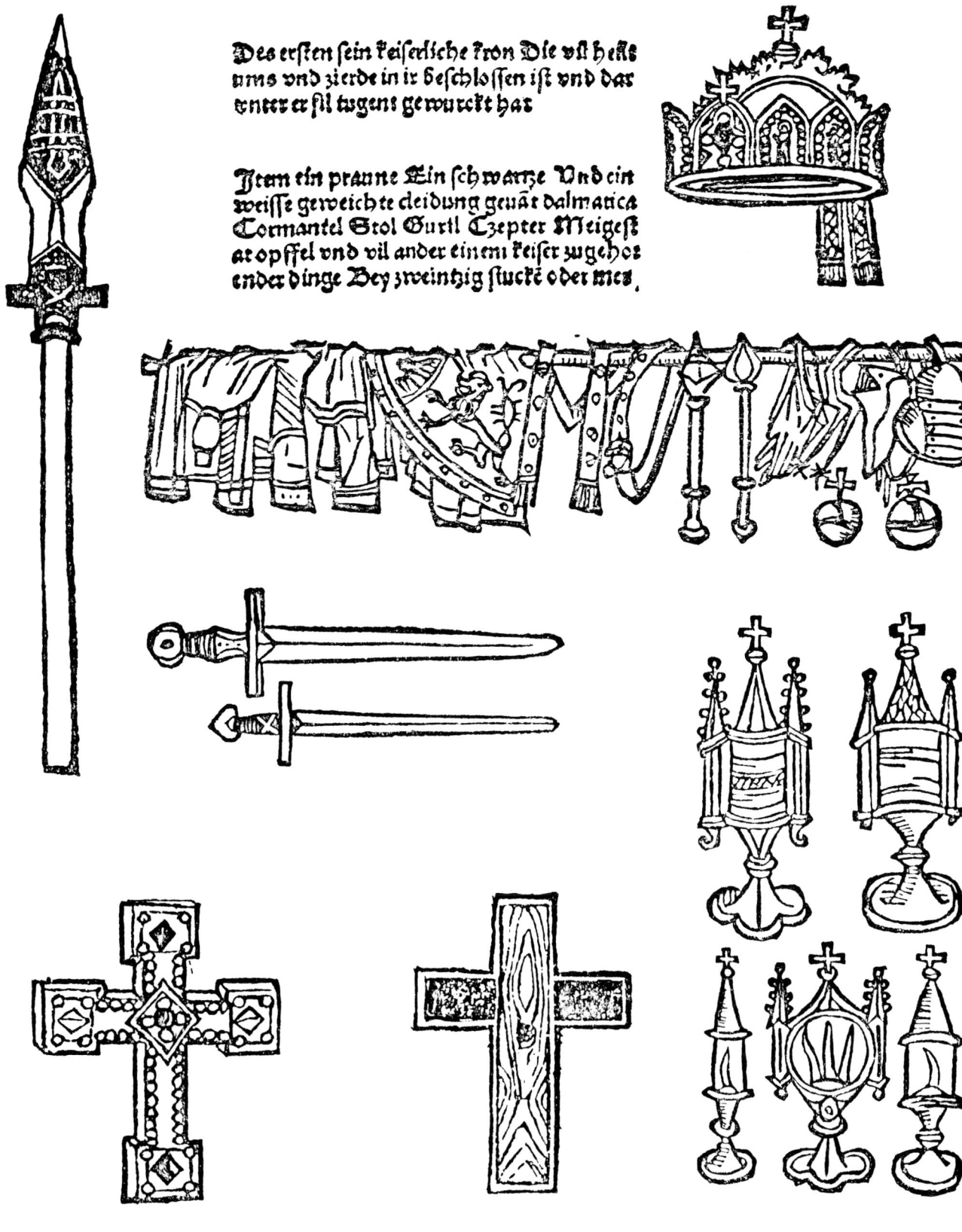

Des ersten sein keiserliche kron Die vil heil
ums und zierde in ir beschlossen ist und dar
unter er fil tugent gewurckt hat

Item ein praune Ein schwartze Und ein
weisse geweichte cleidung genät dalmatica
Cormantel Stol Gurtl Czepter Meigest
at opffel und vil ander einem keiser zugehör
ender dinge Bey zweintzig stucke oder mer

St. Sebaldus

Wandteppich für die Rücklehne eines Chorgestühls (Dorsale) im Germanischen Nationalmuseum in Nürnberg (Leihgabe der ev.-luth. Kirchengemeinde St. Sebald in Nürnberg). Dieser Wollteppich stellt die Legende des heiligen Sebaldus dar. Er entstand zwischen 1400 und 1420, ist ein Meter hoch und sieben Meter breit. Sieben Szenen aus der Legende sind wiedergegeben. Unser Bild zeigt die Überführung des Leichnams auf einem Ochsengespann von Poppenreuth nach Nürnberg.

Leonie von Wilkens schreibt dazu: Der Teppich mit Szenen aus der Sebalduslegende stammt allem Anschein nach von Anfang an aus der St.-Sebaldus-Kirche. Um 1420 zu datieren, darf man ihn wahrscheinlich in Zusammenhang bringen mit den Bemühungen der Nürnberger um die Heiligsprechung des Pilgers Sebaldus, die endlich 1425 in Rom Erfolg hatten. Ein Inschriftstreifen faßt über den Bildern des Teppichs deren Inhalt kurz zusammen. Nur eine Darstellung zeigt ein Wunder des lebenden Heiligen: Er rettet in Seenot geratene Pilger, denen von der anderen Seite die hl. Barbara zu Hilfe kommt: »Hie wolten leut ertrunken do kam in

Sebolt zu hilf.« Alle übrigen Szenen haben sich erst nach dem Tode des Heiligen ereignet. Ein Mönch wollte seinen Leichnam verhöhnen, zur Strafe wird ihm ein Auge ausgeschlagen: »(h)ie spot ein munch sant sebolt tod leichna(m) schlug i(m) ei(n) aug aus.« Einer Frau, die Kerzen um die Bahre aufrichtet, springt zum Dank der Bußring, den sie um den Arm tragen mußte: »hie pring e(in) fraw sant sebolt kertze(n) die eise(n) bandt fielle(n) ir ab.« Zwei Ochsen ziehen die Leiche des Heiligen von Poppenreuth nach Nürnberg: »hie ziche(n) ochse(n) Sebolt leichna(m) von poppe(n)reut ge(n) nur(n)berg.« Eine Frau hat einen als Gabe am Sarg dargebrachten Käse gegen einen schlechteren ausgetauscht, zur Strafe wird der weggenommene zu Stein: »hie verwexelt fraw e(in) kes der wardt zu e(inem) stain.« Mit Hilfe des Heiligen haben sich Pilger aus der Hand von Räubern befreien können und führen sie nun mit sich nach Rom: »hie fienge(n) pilgere(n) die rauber vnd prochtens mit in gen rom.« Bei einem anderen Überfall werden die Räuber von dem Heiligen zur Strafe gelähmt: »hie wolten sie pilger(en) beraub haben do erkrumt sie.« – Die Mehrzahl der Szenen trennt nur ein haarscharfer Grat von der folgenden; besonders augenfällig wird dies auf beiden Seiten des Bildes mit der Überführung durch das Ochsengespann. Wo mit Architekturkulissen Innenräume vorgestellt sind, greifen die Ecken des einen zwar leicht in die des folgenden, doch ergeben sich so spitze Winkel, wie sie nur bei nicht zusammengehörigen, nicht zusammenkomponierten Teilen entstehen können. Aus solchen Beobachtungen kann man schließen, daß einzelne, in sich abgeschlossene Vorlagen und Versatzstücke verwendet wurden. Diese scheinen nicht originalgroß gewesen zu sein, sonst gäbe es zwischen den gleichen Details der zweiten und dritten Szene – Bank, Totenbahre, Leuchter usw. – nicht die auffallenden Größenunterschiede.

DAS HEILTUM ZU WÜRZBURG

Das Heiltum zu Würzburg. Titelblatt des Büchleins von Hans Mayr, Nürnberg, aus dem Jahre 1483: »In diesem puchleine ist zu wysen das hochwirdig heylthum in der loblichen stat Wirtzpurg das man do pfligt zu weisen alle Jar an Sant Kyligans Tag.«

En disem puchleine ist czu wysen das
hochwirdig heylthum in der loblichen
stat Wirczpurg das man do pfligt zu
weisen alle jar an Sant kyligãs tag˙

DAS HEILTUM ZU BAMBERG

Hans Mayr, Nürnberg, brachte 1493 das Heiltums-
büchlein von Bamberg heraus: »In disem buchlein stet
verzeichet das hochwirdig heiltum das man do pfligt alle
mal über siben Jare ein mal zu Bamberg zu weisen.«

In disem buchlein stet vertzeichet das hochwirdig heiltum das man do pfligt alle mal uber siben Jare ein mal zu Bamberg zu weisen

DAS HEILTUM ZU BAMBERG

Die Reliquien werden in den Bamberger Dom getra-gen. Darstellung aus dem Bamberger Heiltumsbüchlein von 1493 von Hans Mayr, Nürnberg.

DAS HEILTUM ZU BAMBERG

»So ist das kayser heinrichs paner des Stiffters dies wir-
digen Stiffs der denn cristenliegen glauben lieb gehabt.
Und die heiligen römischen kirchen mechttiglich be-
schirmet hat und hat das zu einen Paner gehabt Do er
mit den Behemm Polen und winden streiten wolt Als im
dan Sant lorentz auch der riter sant jorg und Sant adrian
in der lufft erschinen und zu hilff kamen Und also sein
feynt und cristenheit mechtiglich überwunden hat.

❊

So ist das des selben keyser heinrichs mantell.

❊

So ist das ein klaid gewesen darin keiser hainrich Riter
geworden ist.

❊

So ist das keiser heinrichs Rock.

❊

So ist das des selben keiser heinrichs dalmatica ein
ewangelier Rock des er gepraucht hat in seiner keiserli-
chen meigestat.

❊

So ist des sant kungunden der heiligen keiserin mantel.

❊

So ist das aber Ir mentel eyner.

124

So ift das kayſer heinrichs paner des
Stiffters dits wirdigen ſtiff s der denn
criſtenliegen gelauben ließ gehabt Und
die heiligen römiſchen kirchen mechttig
lich beſchirmet hat vnd hat das zu einē
paner gehabt Do er mit den Behemm
polen vnd winden ſtreiten wolt Als im
dan Sant lorentz auch der riter ſant jorg
vnd Sant adrian jn der lufft erſchinen
vnd zu hilff kamen Vnd alſo ſein feynt
vnd criſtenheit mechtiglich vberwundē
hat

So ift das des ſelben keyſer heinrichs
mantell

So iſt das ein klaid geweſen dar in ke
iſer hainuch Riter worden iſt

So iſt das keiſer heinrichs Rock

So iſt das des ſelben keiſer heinrichs
dalmatica ein ewangelier Rock des er
geprancht hat in ſeiner keiſerlichen me
igeſtat

So iſt das ſant kungunden der heilig
en keiſerin mantel

So iſt das aber Jr mentel eynes

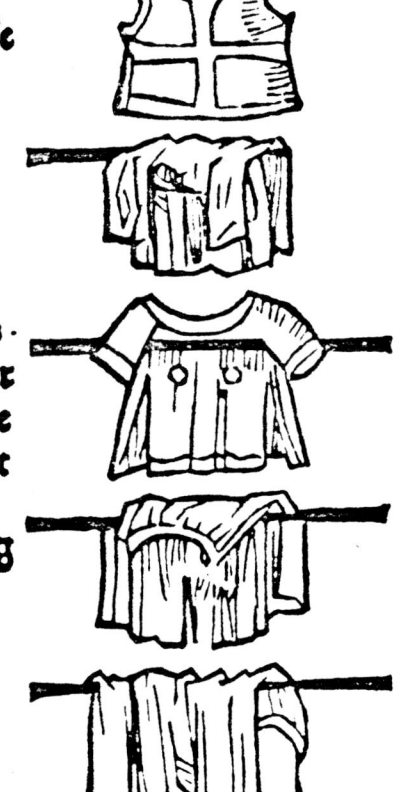

DAS HEILTUM ZU BAMBERG

So ist das aber ir mentel einer.

✳

So ist das derselben Sant Kungunden rock und dar pei auch ir gurtel.

✳

So ist das aber ein rock derselben Junckfrauen sant kungund der keiserin.

✳

So ist das das schwaistuch sant Otten des sibendten pischoffs ditz wirdigen stifts Da mit sein antlitz Im grab bedeckt was Neun und firtzig jare und als man in erhube do war das ob im frisch unnd unferser gefunden und das ist die kasel und mesgewant darin der heilig Sant Ott begrabenn worden ist.

✳

So ist das sant Adrians schwert das keisser Heinrich in seinen streitten umb sich gegurt hatt in zuversicht grosset hillf des heiligen Sant adrians.

✳

Das ist Sant peters des heiligen zwelf poten messer der auch ein haubther ist ditz wirdigen stiffts und ist das die Keten des selben sant Peters da mit er in dem kercker gefangen gewesen ist von den kung herodes.

126

So ist das aber ir mantel eins:

So ist das der selben Sant Kungunden rock vnd dar pei auch ir gurtel

So ist das aber ein rock der selben Junck frauen sant Kungund der keiserin

So ist das das schwaistuch sant Otten des sibenden pichoffs ditz wirdigen stifts Da mit sein antlitz Jm grab bedeckt was Neun vnd sirtzig iare vnd als man in erd. vbe do war das ob jn frisch vnnd vnsersen gefunden vnd das ist die kasel vnd mesgew ant dar jn der heilig Sant Ott begrab enn worden ist

So ist das sant Adrians schwert das kei sser Heinrich in seinen streitten vmb sich ge gurt hatt jn zu versicht grosser hilff des heiligen Sant adrians

Das ist Sant peters des heiligen zwelf poten messer der auch ein haubther ist ditz wirdigen stiffts vnd ist das die Keten des selben sant Peters da mit er in dem kercker gesangen gewesen ist von dem kung herodes

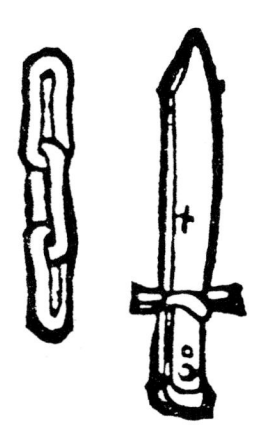

Der ander vmb ganck

*Wandteppich für die Rückenlehne eines Chorgestühls (Dorsale) im Germanischen Nationalmuseum Nürnberg (Leih-
gabe der ev.-luth. Kirchengemeinde von St. Lorenz in Nürnberg). Vermutlich eine nürnbergische Arbeit aus der
Mitte des 15. Jahrhunderts. Der Wollteppich zeigt Christus am Kreuz umgeben von Heiligen. Unser Bild gibt einen
Ausschnitt wieder: Kaiser Heinrich und Kaiserin Kunigunde mit dem Modell des Bamberger Doms.*

Bamberg

Heinrich II. hat nicht nur den Dom und das Bistum gegründet, er und seine Frau Kunigunde wurden auch Bambergs erste Heilige und der Dom ihre Grablege. Von den 136 Reliquien, die in Bamberg alle sieben Jahre »vorgewisen und ausgerufen« wurden, ist wenig geblieben. Heinrich und Kunigunde genießen noch eine gewisse Verehrung. An ihrem Feiertag werden deren – in Gold gefaßte – Schädelreliquien gezeigt.

Das Grab Ottos I., des großen heiligen Bischofs Bambergs, in der Kirche auf dem Michelsberg genießt als »Priesterwallfahrt« noch eine gewisse Bedeutung, war aber wohl schon lange das Ziel einzelner Pilger und nicht ganzer Prozessionen. Von der Verehrung des heiligen Nagels, einst eine wichtige Reliquie, blieb noch die Bezeichnung »Nagelkapelle« im Dom und die goldene Fassung des Nagels im Diözesanmuseum.

In St. Getreu wurde neben der Verehrung des heiligen Fides auch eine Muttergottes, die im Zuge der Gegenreformation dazukam, gern besuchtes Gnadenbild, und zwar nicht nur von der benachbarten Krankenanstalt. Die Obere Pfarre und die Wunderburg waren ebenfalls bekannte Wallfahrtskirchen.

Eichstätt

Die Geschwister Willibald, Walburga und Wunibald, Verwandte des Bonifatius und von ihm geschickt, waren die Gründer Eichstätts. Der heilige Willibald ist in der Krypta des Doms beigesetzt. Walburga, 710 in England geboren und 779 in Heidenheim gestorben. Willibald, 700 in England geboren und 787 in Eichstätt gestorben. Wunibald, 701 in Wessex geboren und 761 in Heidenheim gestorben. Walburga und Wunibald leiteten das von Wunibald 752 errichtete Kloster Heidenheim im Sualafeld. Beide wurden nach ihrem Tod nach Eichstätt übergeführt und in dem Kirchlein des Heiligen Kreuzes »propter muros« (nahe den Mauern) beigesetzt. Um die Kirche entstand das adelige Nonnenkloster St. Walburg (ab 1035 Benediktinerinnenabtei). Sie erhielt 1631 eine neue Klosterkirche über dem Grab der heiligen Walburga. Ziel der Wallfahrer, die nach Eichstätt kommen, ist heute die Grablege der heiligen Walburga und das Walburga-Öl, ein begehrtes Mitbringsel. Willibald, sein Denkmal von Elias Holl im Dom und sein Grab in der Krypta haben ihre Anziehungskraft verloren, ebenso das »Heilige Grab« in der Kapuzinerkirche aus romanischer Zeit.

Fulda

Diese Stadt hat zwei Gräber, die Ziel der Gläubigen sind: das des heiligen Bonifatius in der Krypta des Doms und das der heiligen Lioba auf dem Petersberg. Das Bonifatiusgrab stellt einen gewissen zentralen Punkt für ganz Deutschland dar, denn er war Deutschlands großer Apostel, und Fulda ist es gelungen, seine sterblichen Überreste von Mainz zu erhalten. Die andere Grabgruft liegt draußen am Petersberg. Lioba wirkte zwar dreißig Jahre in dem von ihr gegründeten Kloster in Tauberbischofsheim, liegt aber hier begraben. In beiden Fällen kann man nicht von einer eigentlichen Wallfahrt sprechen, obwohl ständig Gruppen mit Omnibus oder Auto kommen, die an diesen Gräbern beten und singen.

▷

Der heilige Willibald von Loy Hering (1514) im Dom zu Eichstätt.

130

Nürnberg

Nürnberg war zweifellos Ziel großer Heiltumsfahrten zu St. Lorenz und St. Sebaldus. Allein schon die Existenz des Heiltumsbüchleins würde es beweisen. Auch die Reichsinsignien hat man an Heiltumstagen zur Verehrung »ausgerufen«. Die damalige Bedeutung unterstreicht das kostbare Sebaldusgrab, das aber als Folge der Reformation nur noch Kunstinteressierte besuchen.

Würzburg

Im Mittelpunkt der Verehrung stand und steht heute noch der heilige Kilian. Sein Gedächtnistag war alljährlich (im Gegensatz zu Bamberg) Ziel aller umliegenden Ortschaften, und sie kommen heute noch. Aus der Zeit um 1500 wissen wir, daß die verschiedenen Kirchen ihre Reliquien (der Dom fünfzehn, Stift Neumünster zwei, Stift Haug drei, Stift Burkard zwei, Hofkirche Marienberg eine, St. Stephan zwei, St. Peter eine) am Vortag in den Dom brachten und am Abend des Festes in feierlicher Prozession wieder zurückholten. So wurde am Kilianstag auch der anderen Würzburger Heiligen gedacht, wie des heiligen Burkard und des heiligen Adalbero. Eine eigene Wallfahrt jedoch gab es nicht. Dafür entstand im Barock die schon erwähnte Wallfahrt zur Schmerzensmutter auf dem Käppele und in unserem Jahrhundert eine neue in die Augustinerkirche zur heiligen Rita.

1901 begann ihre öffentliche Verehrung in der Würzburger Augustinerkirche, 1905 wurde Rita ein Seitenaltar geweiht, und 1939 erhielt sie eine eigene Kapelle. Die neue, nach dem Brand 1945 vergrößerte, am Ritafest 1954 konsekrierte Kapelle entwickelte sich zur jüngsten und vielbesuchten Gnadenstätte. An ihrem Festtag, 22. Mai, werden die Rita-Rosen gesegnet.

Ritaschwestern

In Würzburg hat sich die junge und moderne Gemeinschaft der Ritaschwestern gebildet, die sich zeitgemäßen Aufgaben stellt. Augustinerpater Hugolin Dach hat sie 1911 gegründet, um Familien in Notsituationen zu helfen. Die Schwesternschaft ist den Augustinern angegliedert.

Die speziell für die Familienpflege ausgebildeten Schwestern werden überall dort eingesetzt, wo die Mutter durch Krankheit, Geburt eines Kindes, Kur oder Überlastung ausfällt. Damit haben die Schwestern die Tätigkeit aufgegriffen, die Rita während ihres Klosterlebens ausübte.

Ein Glasfenster; die heilige Rita mit Rosenkranz um das Haupt, der Dornenwunde auf der Stirn im Gebet vor dem Kruzifix.

Der barocke Innenraum der Wallfahrtskirche in Gößweinstein.

Liborius Wagner

Heidenfeld (zwischen Volkach am Main und Grafenrheinfeld gelegen) wurde die letzte Ruhestätte des 1974 seliggesprochenen Liborius Wagner. Der linke Seitenaltar der Pfarrkirche ist ihm geweiht.

Dieser »junge« Selige, 1593 in Mühlhausen in Thüringen geboren, wurde im protestantischen Glauben streng erzogen. Da sein Vater Ratsherr und Schneiderobermeister war, konnte der junge Liborius zunächst in Gotha und Leipzig studieren und 24jährig an der Universität Straßburg den Titel Magister erwerben. Immer wieder war er als Student vielen Zweifeln unterworfen, auf die er Antwort bei der Wissenschaft suchte, ohne sie zu bekommen. Da wandte er sich in Würzburg an der katholischen Universität an die Jesuiten, obwohl er weder von den Katholiken noch den Jesuiten jemals etwas Gutes gehört hatte.

Hier konnte man all die Fragen beantworten, um die er schon lange gerungen hatte. Er konvertierte, und kurze Zeit später bat der junge Magister um Aufnahme in das bischöfliche Seminar in Würzburg, das von Julius Echter mit Hilfe der Jesuiten umgestaltet worden war. 1625 wurde Wagner zum Priester geweiht. Zunächst war er Kaplan in Hardheim, das damals zum Bistum Würzburg gehörte.

Bald danach erhielt er die schwierige Pfarrei Altenmünster, die zum größten Teil protestantisch war. Er gewann viele Freunde, von denen die meisten wieder zu ihrem alten Glauben zurückfanden. Aber diese missionarische Tätigkeit brachte ihm auch unerbittliche Feinde. Die schwedischen Soldaten – man war mitten im Dreißigjährigen Krieg – waren nur allzu bereit, seinen Feinden Hilfsdienste zu erweisen. Wer den authentischen Bericht über die Martern liest, denen er ausgesetzt war, dem stockt heute noch das Blut. Fünf Tage lang folterte man ihn, ohne ihn bewegen zu können, seinem Glauben abzuschwören. Zwei Pistolenschüsse und ein Säbelhieb machten seinem Leiden ein Ende. Am 9. Dezember 1631 warfen seine Mörder den geschändeten Leichnam in den Main, wohl um ihre Schandtaten zu verbergen. Unweit von Mainberg, dem Amtssitz der Schweden, wo er die Folterung erlitten hat, wurde er wieder an Land gespült. Man setzte ihn nach Abzug der Schweden in der Mainberger Schloßkapelle bei.

1637 wurden seine sterblichen Überreste auf Veranlassung des Fürstbischofs Franz von Holzfeld den Chorherren von Heidenfeld übergeben. Damit begann seine Verehrung als Martyrer durch die Bevölkerung. Votivgegenstände zeugen von der Hilfe, die auf seine Fürsprache hin geschah.

Der Bildstock von 1692 auf dem Kirchplatz von Großbardorf, leider stark verwittert, zeigt das Gößweinsteiner Gnadenbild, vor dem Stifter knien. Als Bekrönung Sebastian, wohl ein Namenspatron des Stifters.

Gößweinstein: Krönung Mariens

Inmitten der Fränkischen Schweiz (zwischen Eber-mannstadt und Pottenstein) liegt der Luftkurort Göß-weinstein, überragt von seiner Wallfahrtskirche, einem Werk Balthasar Neumanns.

Da im Dreißigjährigen Krieg alle Akten verlorengin-gen, liegt der Ursprung der Wallfahrt im Dunkeln. Nach einer Überlieferung soll das jetzige Gnadenbild aus einer Kapelle des benachbarten Ortes Geiselhöhe stammen. Von dort soll sie ein Edler von Trischeldorf nach Gößweinstein gebracht haben. Zweifellos muß schon vorher ein Gnadenbild verehrt worden sein, denn meist wird als Jahr der Entstehung der Wallfahrt – wieder gemäß alter Tradition – 1240 genannt. Das jet-zige Lindenholzwerk (es ist 140×140 cm groß) dürfte eine Bamberger Arbeit sein und aus den Jahren um 1510 stammen, also ein halbes Jahrhundert nach dem Jahr, in dem die Kirche zur Pfarrkirche wurde: 1461. Die spät-gotische Sitzgruppe zeigt die Krönung Mariä durch die Dreifaltigkeit.

Außer der Erzählung von dem Fund bei Geiselhöhe gibt es zwei weitere Legenden. Da soll ein Zweikampf zwischen dem wendischen Fürsten Groß von Trockau und dem Grafen von Schlüsselberg stattgefunden ha-ben. Danach mußte der Besiegte die Religion des Sie-gers annehmen. Der Verlierer, Groß von Trockau, wurde fortan ein eifriger Förderer der Kirche von Gößweinstein, die zuvor die Herren von Schlüsselberg (der letzte starb 1348) gestiftet hatten.

Eine andere Legende läßt die Wallfahrt im Anschluß an ein Ereignis zur Zeit König Heinrichs I. um das Jahr 934 entstehen. 1240 soll dann Konrad III. eine neue Kirche anstelle der bisherigen gebaut haben, die 120 Jahre später aufgrund der ständig zunehmenden Wall-fahrt »Zur freudenreichen Dreifaltigkeit« vergrößert werden mußte. Auch von einem weiteren Kirchenbau im 14. Jahrhundert weiß die Tradition. Er würde mit dem Aussterben der Schlüsselberger (1348) zusammen-fallen.

Eine Krönung Mariens in Dittigheim, die in ihrer Ein-fachheit zunächst der Gößweinsteiner am nächsten zu kommen scheint. Erst bei genauerer Betrachtung ent-deckt man die vielen Eigenwilligkeiten der Darstellung. Überraschend auch, wie die Ornamentik das gesamte Relief einschließt, ja sogar durchdringt. So scheinen Gott Vater und Christus auf Ornamentblättern zu sit-zen, die sich sogar um ihre Knie schlingen. Eine über-große Taube schwebt über dem Ganzen. Auch die drei Seraphim haben ein stärkeres Gewicht als die Krö-nungsgruppe selbst. Eine Inschrift nennt 1741.

So wenig gesichert all diese Fakten über den Kirchenbau sind, fast ebenso bleiben es die über die Wallfahrt und das Gnadenbild. Die Kirche ist der Heiligen Dreifaltigkeit geweiht. Die ursprüngliche Wallfahrt kann also eine Dreifaltigkeitswallfahrt gewesen sein.

Das Gnadenbild

Das heutige, bereits genannte Gnadenbild ist aber eine Krönung Mariä durch die Dreifaltigkeit, die erst im Barock durch die Heilig-Geist-Taube ergänzt wurde. Trotz dieser späten Zutat – oder sollte es nur eine Erneuerung gewesen sein - wird in den Publikationen danach immer noch von einer Dreifaltigkeitswallfahrt gesprochen. Auch die alte Bezeichnung »freudenreiche Dreifaltigkeit« taucht wieder auf. Mit dieser Bezeichnung kann das Gegenteil zu der »schmerzensreichen Dreifaltigkeit«, dem Gnadenstuhl, gemeint sein. (Beim Gnadenstuhl hält Gott Vater das Kreuz Christi zwischen den Knien, und über ihm schwebt die Taube.) Am jetzigen Gnadenbild sind die Hand und die Krone Gott Vaters beschädigt, außerdem fehlt das Zepter des Sohnes ganz. Das macht eine Erneuerung der Taube im Barock wahrscheinlicher, wohl zu der Zeit der Übertragung des Gnadenbildes in die neue Kirche.

Alte Nachbarwallfahrten

Gößweinstein war nicht die einzige Wallfahrt in der Fränkischen Schweiz. Wenige Kilometer von Behringersmühle, nahe dem Dorf Wölm, stand die Kapelle »Zum Heiligen Bühl«, die dem heiligen Bartholomäus geweiht war. Hier spricht die Tradition von einer Gründung durch Karl den Großen. Der Dreißigjährige Krieg, dessen Ende für das benachbarte Gößweinstein der Anfang zu neuer Blüte war, zerstörte die Kapelle.

Zwischen den Orten Willenreuth und Hollenberg lag die dritte Wallfahrt: die Pirkenreuther Kapelle, wo der heilige Georg verehrt wurde. Heute steht am ehemaligen Gnadenort nur noch ein Holzkreuz inmitten von Ruinen. Sie sind der einzige Rest des ehemaligen Dorfes Pirkenreuth. Man kann annehmen, daß die Kapelle befestigt war, Mauerreste und Wall und Graben deuten darauf hin. Diese Wallfahrt war aber schon 1556 zu Ende. Damals wurde die »Feldkapelle« auf höheren Befehl hin zerstört, wie alle, in denen nicht regelmäßig Gottesdienst gehalten wurde. Wenn man den alten Überlieferungen glauben will, hatte die Kapelle schon viel früher ein ähnliches Schicksal ereilt. Bei den Hussiteneinfällen seien der Geistliche und 68 Personen ermordet und die Kapelle zerstört worden. Das weist auch auf eine Befestigung der danach wiederaufgebauten Kapelle hin.

Die neue Blüte

Wenn Gößweinstein als einzige von den dreien im Barock oder genauer nach dem Dreißigjährigen Krieg eine neue Blüte erlebte, dann mag das an dem Gnadenbild liegen. Im Barock entstanden nicht nur in Zisterzienserklöstern mit Vorliebe Dreifaltigkeits- und Krönung-Mariä-Darstellungen, wobei die Krönung nicht wie im Mittelalter von Christus allein vorgenommen wurde, sondern immer von der Dreifaltigkeit. Allein im Raum Bamberg gab es und gibt es noch ein rundes Dutzend Dreifaltigkeitskirchen. Diese »Mode« mag Gößweinstein zugute gekommen sein. Dabei war Gößweinstein selbst wieder für viele Darstellungen in ganz Franken und nicht nur im benachbarten Bamberger Raum Anregung zu Krönung-Mariä- und Dreifaltigkeitsdarstellungen, beliebt besonders an Hausecken und Wänden und vor allem auf Bildstöcken.

KRÖNUNG-MARIÄ-BILDSTÖCKE

Viele der Bildstöcke mit einem Krönung-Mariä-Relief, die überall in ganz Franken und über dessen Grenzen hinaus anzutreffen sind, können als Erinnerungen an Gößweinstein gelten.

Von links nach rechts:

Wettringen, Maria wird vom Heiligen Geist mit sichtbaren Gnadenstrahlen überschüttet.

Unterweißenbrunn, das Geschehen ist ganz in die Wolken verlegt.

Hundheim, Rosenkranz betende Stifterfiguren knien zu Füßen der Krönungsszene.

Osterburken, die Krönungsszene wird rundum und am Schaft von den 14 Heiligen begleitet.

Iphofen, vor der Heilig-Geist-Kirche von 1741.

Welsbach, auf den Seitenflächen begleiten Heilige die Szene.

Saal an der Saale, ein in der Rhön seltener, reich geschmückter Traubenstock, dazu noch von außergewöhnlicher Größe.

Herlheim, über einer Hofeinfahrt, rechts und links auf den Türpfosten sitzen weitere Heilige (im Schlußstein 1784).

Lassen schon die aus in früheren Jahrhunderten erwähnten Kirchenvergrößerungen auf eine wachsende Beliebtheit der Wallfahrt schließen, so muß zu Beginn des 18. Jahrhunderts der Zulauf nach Gößweinstein so groß gewesen sein, daß es dem Pfarrer Johann Eberhard Dippold gelang, den Fürstbischof Lothar Franz von Schönborn von dem notwendig gewordenen Neubau zu überzeugen.

Der Neumannbau

1730 erfolgte die Grundsteinlegung, die bereits von dem Nachfolger im Amt, Fürstbischof Friedrich Carl von Schönborn, vorgenommen wurde. Allerdings muß man lange vorher an einen Kirchenneubau gedacht haben, denn schon 1683 wurde beschlossen, keinen neuen Hochaltar zu errichten, sondern die Mittel für einen Kirchenbau zu sparen. Das heißt, daß auch hier, wie so oft, die Wallfahrt nach dem Dreißigjährigen Krieg eine neue Blüte erlebt hat. Seit 1715 beschäftigte man sich mit der Neubauplanung, an der viele Baumeister beteiligt waren. Daß aber dann Balthasar Neumann für seinen gegenüber den bisherigen Vorschlägen (die oft zu kostspielig schienen) neuen, wesentlich großzügigeren Plan den Auftrag erhielt, ist sicher zwei Sterbefällen zu danken: einmal dem Tod von Johann Dientzenhofer 1726 – sein Plan war noch danach im Gespräch –, zum zweiten dem Tod Fürstbischofs Lothar Franz im Jahre 1729.

So entstand die große zweitürmige Wallfahrtskirche, die man heute noch bewundern kann. Neumann hatte zuvor die während der Säkularisation niedergerissene Klosterkirche von Münsterschwarzach gebaut. Den Innenausbau und den Neubau des Pfarrhofs besorgte der fähige Schüler von Maximilian von Welsch, der Architekt Johann Jakob Michael Küchel, der später der

Eine Hausecke am Theresienplatz in Bamberg ist ganz ausgefüllt mit einer Himmelfahrt Mariens, wobei hier Maria zur übergroßen Hauptfigur wurde und die Dreifaltigkeit, wie so oft auch auf Gemälden, eine kleine Gruppe zu ihrem Empfang bildet.

Schöpfer des großen Wallfahrtsaltars in Vierzehnheiligen und der Anlage in Marienweiher wurde. Die Fertigstellung von Gößweinstein zog sich so lange hin – ein
Großbrand war sicher ein Grund dafür –, daß Neumann, der 1753 starb, die Vollendung nicht mehr erlebte. Die Kirche besitzt zwar sechs Nebenaltäre, die
aber so liegen, daß beim Betreten des Raums der Blick
auf die Mitte des Hochaltars gerichtet wird, wo unter
einer Glashaube das Gnadenbild steht. Dieser zentralen
Mitte ist alles andere untergeordnet. Die gesamte Ro-
koko-Ausstattung steht im Dienst des alten Gnadenbildes.

Durch die große Anlage bedingt, müssen immer wieder
Renovierungen oder Verbesserungen durchgeführt
werden, sei es an der Kirche selbst oder der aufwendi-
gen Terrasse vor dem Eingangsportal, am Franziskanerkloster (seit 1830, vorher seit 1624 Kapuziner), dem
Votivbau mit einer beachtlichen Sammlung von Votiv-
gaben oder schließlich auch am großen Pfarrhof und
nicht zuletzt der Franziskanergruft und den Katakom-
bengräbern. Die letzte große Renovierung des Bau-
äußeren wurde erst 1977 abgeschlossen.

Die Wallfahrt

Man zählte früher 80 000 bis 100 000 Pilger pro Jahr.
Diese Zahl wird auch heute wieder erreicht. Dazu
kommen die vielen Touristen und Kunstinteressenten,
die noch einmal die gleiche Zahl ausmachen sollen. Die
Wallfahrt beginnt im Mai und dauert bis Allerheiligen,
Hauptfeste sind der Dreifaltigkeitssonntag (1. Sonntag
nach Pfingsten) und die Marienfeiertage.

Beim Eingang zur Kirche hängt hinten links eine Land-
karte der »Heimat der Wallfahrer«. Darin erscheint die
gesamte Umgebung zwischen Bamberg und Forchheim
und darüber hinaus auch Orte, die selbst Wallfahrtsorte

sind wie Amberg. Man findet außerdem Waldsassen,
Neumarkt, Nürnberg, Kitzingen, Ebrach und Staffelstein. Das frühere Einzugsgebiet war aber noch größer.
Kurz vor Walldürn findet man noch Bildstöcke, die
sich auf Gößweinstein beziehen. Man entdeckt sie in
der Rhön genauso wie in der Oberpfalz.

Auch von einem Ort wie Staffelstein, der vor den Toren
von Vierzehnheiligen liegt, zieht man alljährlich am
Freitag vor dem Dreifaltigkeitssonntag nach Gößweinstein, und das seit rund 300 Jahren (also vor dem Bau
der jetzigen Kirche). Ein eigenes Wallfahrtslied mit
neun langen Strophen erzählt vom Anlaß der Wallfahrt
und von dem, was man sich dort erhofft. (Ein Großbrand in Staffelstein »tausend sechshundert war, das
vier und achtzigste Jahr, wo eine Flamm' die Stadt ver-
zehrt hat«.) Die siebte Strophe drückt die Zuversicht
aus, die in das Gnadenbild gesetzt wird:

> »Wenn Krankheit, Seuch' und Gift,
> Bald Vieh, bald Menschen trifft,
> Rufet o Gott verschon'
> In diesem Ton.
> Wenn schwarze Wolke droht
> Mit Blitz und Hagelnot,
> Ist dieses Gnadenbild
> Ein sicherer Schild.«

In jeder zweiten Strophe wird Gößweinstein selbst genannt, denn so heißt es am Ende der fünften Strophe:
»Die Zuflucht ganz allein (ist) Gößweinstein.«

Bei den Nothelfern in Vierzehnheiligen

Wer von Bamberg kommend Vierzehnheiligen hinter sich gelassen hat, sieht links am Berg Kloster Banz und erkennt rechts der Straße schon von weitem die beiden Türme von Vierzehnheiligen. Vor Lichtenfels führt dann eine Nebenstraße hinauf zum Wallfahrtsort.

Erscheinungen

1445 und 1446 hatte der Langheimer Klosterschäfer Hermann Leicht mehrere Erscheinungen. Das erste Mal erblickte er ein weinendes Kind. Bei der zweiten, »der anderen« Erscheinung, standen neben dem Kind zwei Kerzen, bei der vierten die Kerzen allein, und bei der letzten trug das nackte Kind ein rotes Kreuz auf dem Herzen und war von 14 weiteren Kindern umgeben. Das Kind teilte ihm mit:
»Wir sind die 14 Nothelfer und wollen eine Kapelle haben, auch gnädigst hier rasten. Und bist du unser Diener, so wollen wir deine Diener wieder sein.«
Zunächst wurde ein Kreuz an der Stelle der Erscheinungen errichtet. Das erste feste Gebäude war dann zehn Jahre später, 1457, vollendet. Damit setzten zugleich die Wallfahrten aus Nürnberg ein. Kaiser Ferdinand opferte eine goldene Halskette. Friedrich III. pilgerte 1471 und 1485 nach Vierzehnheiligen. Vor seiner niederländischen Reise wallfahrtete Dürer 1519 mit seiner Frau Agnes zu den Nothelfern.
Im Bauernkrieg wurde die Kirche zerstört, ein Neubau aber bereits 1543 errichtet.
Der Nothelferkult war schon lange vor der Gründung der Wallfahrt nach Vierzehnheiligen bekannt. Ein Ablaßbrief des Bischofs Konrad von Passau für die Kirche Unserer Lieben Frauen in Krems in Oberösterreich stammt aus dem Jahre 1284.
Die Blütezeit der 14 Heiligen liegt um die Mitte des 15. Jahrhunderts, der Zeit des Ursprungs von Vierzehnheiligen. Nicht die Pestzeiten allein, auch die Verhältnisse, die dann zu den Bauernaufständen führten, ließen die Menschen bei den Heiligen Hilfe suchen.
Josef Dünninger, der sich mit der weitverbreiteten Vierzehn-Heiligen-Verehrung im Nürnberger Raum intensiv beschäftigt hat, ist dem Ursprung dieses Kults nachgegangen. Demnach gelangt er, vom Dominikanerkloster Regensburg kommend, schon in der ersten Hälfte des 14. Jahrhunderts nach Franken, und folgerichtig wurde das Dominikanerkloster Bamberg erstes fränkisches Zentrum dieser Verehrung. Aber auch die Zisterzienser hatten den Kult übernommen und nach anfänglichen Zweifeln an der Echtheit der Erscheinungen in Langheim sich durch Wunder überzeugen lassen. Jedenfalls war Vierzehnheiligen – oder Frankenthal, wie es früher hieß – im 18. Jahrhundert eine so eifrig besuchte Wallfahrtsstätte, daß sich der Abt Stephan Mosinger von Langheim entschloß, eine neue Wallfahrtskirche zu bauen. (Das ehemalige Kloster Langheim hat die Säkularisation und einen Brand kurz davor nicht überstanden.)

Das Werk Neumanns

Fürstbischof Karl Friedrich von Schönborn hatte sich für Balthasar Neumanns Pläne entschieden. Aber Baumeister Krohne baute nicht danach. Neumann wird bei einer Besichtigung wütend. Der Langheimer Abt bedauert die »lutherischen Nebensprünge« seines Schützlings. Gottfried Heinrich Krohne war Protestant, Weimar-Eisenacher Landbaumeister und nur gelegentlich in Mösingers Diensten. Er, den man für einen »Kleinigkeits-Ingenieur« hielt, hatte Neumanns Pläne widerwillig akzeptieren müssen, dann aber nach eigenem Gutdünken gebaut.

Der Liborius-Wagner-Altar in der Pfarrkirche Heidenfeld.

Der Bildstock in Kleineibstadt zeigt eine der Visionen des Schäfers von Langheim, den sogenannten »Kinderkranz«

So war der Plan durch den inzwischen erstellten Bau verpfuscht, aber gerade diese Schwierigkeit regte Neumann dazu an, nun »aus gantzer Kunst recht und nach dem wahren Katholischen Erfordernissen gantz zu machen«. Ob diese Schwierigkeiten zusammen mit dem verbissenen Wunsch, zu retten, was noch zu retten war, Neumann reizten zu zeigen, was er konnte? Jedenfalls entstand jetzt mit dieser seiner reichsten Barockschöpfung die Krönung des Gesamtwerkes (zwischen 1743 und 1763).

Es ist wohl kein Zufall, daß Neumann ein Zeitgenosse Johann Sebastian Bachs war. Neumann wurde 1687 und Bach 1685 geboren. Beide haben ihre Werke nach strengen Gesetzmäßigkeiten komponiert, und beiden sind daraus barocke Meisterwerke gelungen. Jedenfalls wird man kaum irgendwo die Verwandtschaft der Architektur zur Musik leichter glaubwürdig finden als in Vierzehnheiligen.

Die 14 Nothelfer

Die 14 Heiligen, ursprünglich 14 Nothelfer genannt, wurden jeder für sich in ganz bestimmten Nöten angerufen. Die Art ihrer Hilfe hat sich dann im Glauben des Mittelalters herauskristallisiert und offenbart sich uns heute in ihren Attributen.

Nach der Legende erhielten Dionysius, Blasius und Dorothea vor ihrem Tod die Verheißung, denen helfen zu dürfen, die sie darum bitten. Das gilt sinngemäß für alle, nur die Art der Anliegen wurde unter den Heiligen aufgeteilt. Dabei hält man die Zahl Vierzehn in früheren Jahrhunderten nicht immer ein, später wurden zwar Heilige ausgewechselt, aber seit Ende des 15. Jahrhunderts blieb deren Anzahl unverändert. Fast immer gehören die vier »Virgines Capitales« dazu, die einzigartigen Jungfrauen Barbara, Dorothea, Marga-

rete und Katharina. Ob sie aufgrund dieser Zusammenfassung besondere Verehrung genossen oder ob ihre außerordentliche Beliebtheit zu dieser Gemeinsamkeit führte, wird kaum mehr zu ermitteln sein.

Die typischen Bauernheiligen aber findet man nicht unter den Nothelfern. Da ihre Verehrung meist mit einem besonderen Brauchtum im Bauernjahr eingebettet ist, kann das nicht überraschen.

Aber dem Landmann genügten die Bauernheiligen nicht, er sah sich immer von so viel Gefahren umgeben, daß jeder himmlische Helfer willkommen war.

Kein Wunder also, daß sich Vierzehnheiligen großer Beliebtheit erfreute. Als Beweis dafür mag gelten, daß noch heute allein in den Bistümern Bamberg und Würzburg mindestens 400 Vierzehnheiligen-Bildstöcke erhalten sind, und auch noch weit über Fulda hinaus findet man sie. Diese Bildstöcke meinen in der Mehrzahl eindeutig die Gnadenstätte Vierzehnheiligen und nicht einfach eine Nothelferdarstellung; sonst wäre das Jesuskind in der Mitte ebensowenig erforderlich wie die Darstellung der Heiligen in kindlicher Größe. Vierzehnheiligen selbst zeigt in dem Küchelschen Gnadenaltar die später wieder übliche Darstellung der Heiligen in natürlicher Größe.

Aber nicht nur Bildstöcke galten der Erinnerung an Vierzehnheiligen, wir finden auch Heiligenhäuschen und kleine Kapellen, die den 14 Heiligen geweiht sind. In manchen Kirchen, wie auch in Orten, die selbst Ziel von Wallfahrten waren, hängen Tafeln, Reliefs und stehen auf Altären die 14 Heiligen und immer in der Form von Vierzehnheiligen mit dem Jesuskind in der Mitte, wie in der Heilig-Blut-Kirche in Iphofen.

Nicht nur auf Bildstöcken und Vortragestangen erscheinen die Gnadenbilder zweier Wallfahrtsstätten, auch auf Hinterglasbildern findet man sie, wie hier auf einem solchen Hinterglasbild aus dem österreichischen Museum für Volkskunde in Wien, auf dem Mariahilf und 14 Heilige zusammen dargestellt wurden, indem der Künstler statt des üblichen Jesuskindes in die Mitte Mariahilf setzte.

Der Vierzehnheiligenaltar von Küchel. ▷

146

VIERZEHNHEILIGEN-BILDSTÖCKE

Bildstöcke, Heiligenhäuschen, Kapellen, Altäre und Gemälde: Vierzehn-Heiligen-Darstellungen trifft man überall und in mannigfaltigen Formen an.

Von links nach rechts:

Zur Kirche auf dem Gehilfersberg (bei Rasdorf) führen mehrere Stationswege, einer davon ist durch Bildstöcke markiert, so daß sich, wenn man das Ziel erreicht, alle 14 Heiligen zusammengefunden haben.

Unterwittighausen, am Ortsende Reste eines alten Bildstocks mit dem Vierzehn-Heiligen-Relief, das man an den Pfeiler eines Krönung-Mariä-Bildstocks gelehnt hat, so daß man heute an zwei Wallfahrten erinnert wird.

Iphofen, Blutkapelle. An der Empore hängt ein Gemälde, das die Erscheinungen in Vierzehnheiligen darstellt (in derselben Kapelle befindet sich auch ein Walldürner Wallfahrtskreuz).

Heidenfeld, hinter der Kirche (mit dem Liborius-Wagner-Altar) Traubenbildstock mit einem Vierzehn-Heiligen-Relief.

Impfingen, in der Flur oberhalb des Ortes ein Vierzehn-Heiligen-Relief.

Gnadenberg, linker Seitenaltar der Pfarrkirche, Mittelteil: Vierzehn-Heiligen-Relief.

In Vierzehnheiligen werden folgende Nothelfer verehrt:

Achatius, Martyrer unter Kaiser Hadrian, mit Dornenzweig oder Kreuz, bei Todesangst und Zweifeln angerufen. Ihm ist die Achatiuskirche in Grünsfeld-Hausen geweiht.

Ägidius, Gründer des Klosters St. Gilles, in Franken zumindest durch Riemenschneider auch als Till und Dill bekannt. Er wird mit Hirschkuh als Abt dargestellt und soll zu einer guten Beichte verhelfen.

Barbara. Ihre Tugend, Schönheit, Klugheit und Gelehrsamkeit wollten ihre Eltern durch Einschließen in einem Turm bewahren. Patronin der Sterbenden und der Artillerie. Manche Bundeswehrgarnisonen – wie Tauberbischofsheim – feiern sie wieder. An ihrem Namenstag bricht man Barbarazweige, die spätestens an Weihnachten blühen. Ihr sind auch viele Kirchen in Franken geweiht, das Bistum Würzburg besitzt allein neun Barbarakirchen.

Blasius soll bei Halsleiden helfen. Er wird mit zwei Kerzen dargestellt. Der »Blasiussegen« an seinem Festtag, dem 3. Februar, ist überall in fränkischen Kirchen gern geübte liturgische Handlung. Attribut und Brauch erinnern an die Heilung eines Kindes, das eine Gräte verschluckte.

Christophorus, der Christusträger, wird besonders in den Alpenländern gegen unvorbereiteten Tod angerufen. Durch Autoweihen und Autoplaketten an seinem Namenstag wurde seine persönliche Verehrung neu belebt.

Cyriakus, Diakon und Martyrer, mit dem Dämon an der Kette und geheilter Diokletiantochter dargestellt, wird gegen Anfechtung in der Todesstunde angerufen. Im Bistum Würzburg ist er fast ein Dutzendmal Kirchenpatron.

Dionysius (= St. Denis), Bischof von Paris und Martyrer, mit seinem abgeschlagenen Haupt in Händen dargestellt, hilft bei Kopfschmerzen.

Erasmus, Bischof von Antiochia und Martyrer, mit dem Marterwerkzeug, der seine Gedärme aufwickelnden Winde, dargestellt. Bei Leibschmerzen wendet man sich an ihn.

Eustachius, ein Martyrer. Den Hirsch mit dem Kreuz im Geweih hat er gemeinsam mit dem heiligen Hubertus, von dem er inzwischen meist abgelöst wurde. Dieser Schutzpatron der Jäger wird in allen schwierigen Lebenslagen angerufen. An der Wallfahrtskirche in Fährbrück besteht eine Hubertusbruderschaft.

Georg, Ritter mit Drachen, Schutzpatron der Soldaten, der bei Seuchen der Haustiere angerufen wird. Georg ist in Franken ein beliebter Kirchenpatron (in den Bistümern Bamberg und Würzburg sind ihm je zwei Dutzend Kirchen geweiht, im Bistum Eichstätt über ein Dutzend, in Fulda ein halbes Dutzend).

Katharina, die gelehrte Königstochter, hat in einer Diskussion 50 Philosophen ihrer Zeit besiegt. Sie wurde unter Kaiser Maxentius gerädert und enthauptet. Deshalb wird sie mit einem Rad oder seltener mit Philosophen dargestellt und bei Zungenfehlern und Sprachstörungen angerufen. Besonders im Erzbistum Bamberg findet man viele Katharinenkirchen.

Margareta, unter Diokletian zu Tode gemartert, wird mit dem Drachen an der Kette dargestellt, gilt als Schutzpatronin der Gebärenden und der Bauern. Die meisten Margaretakirchen sind in den Bistümern Eichstätt und Würzburg zu finden.

Pantaleon, Patron der Ärzte, nach seiner Marter mit auf den Kopf genagelten Händen oder als Arzt mit Salbfläschchen und Uringlas abgebildet.

Vitus (Veit), nach Episoden seiner Legende mit dem Hahn oder dem Sohn des Diokletian, den er geheilt hat, dargestellt. Er wird gegen Epilepsie angerufen.

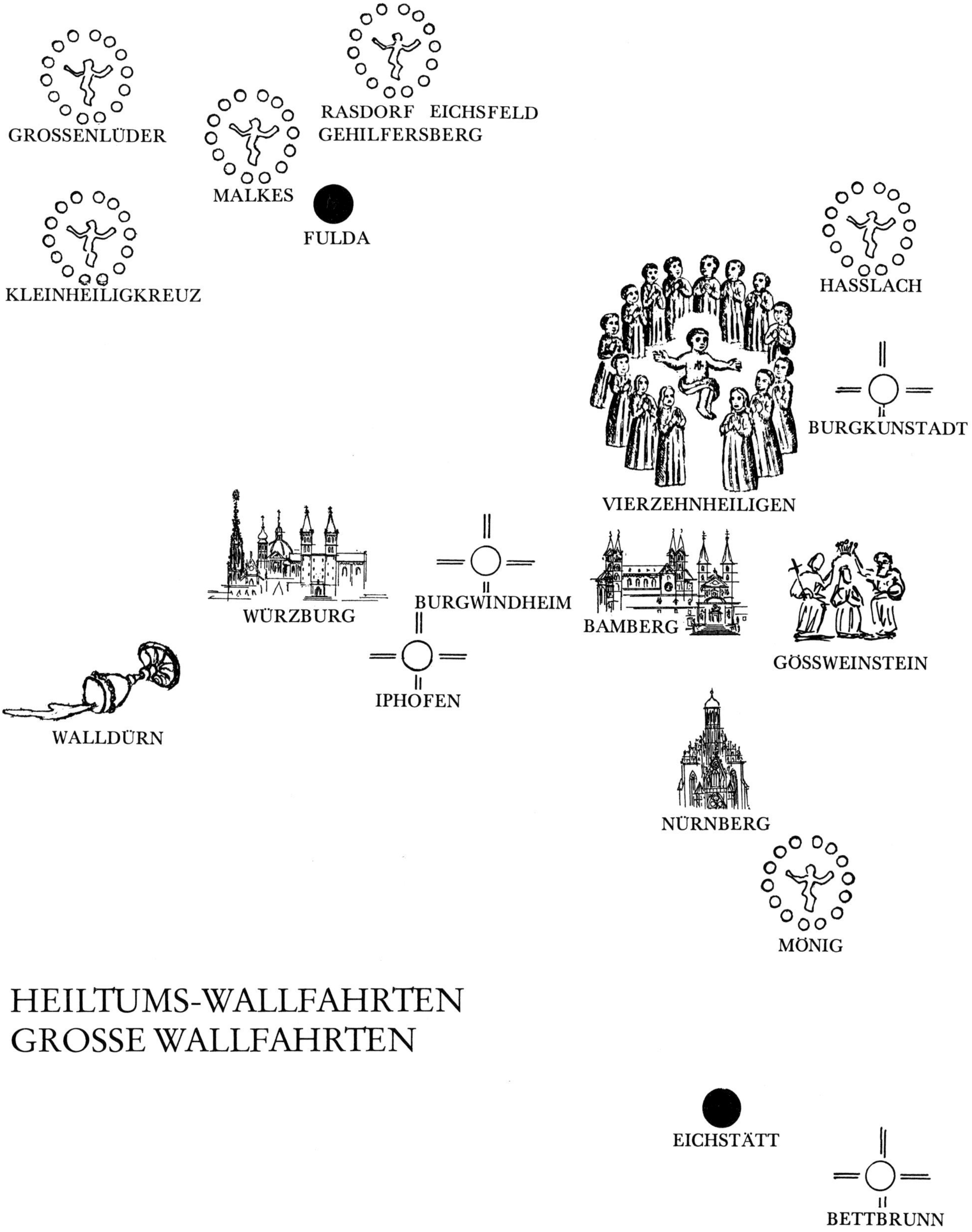

GROSSENLÜDER

MALKES

RASDORF EICHSFELD
GEHILFERSBERG

FULDA

KLEINHEILIGKREUZ

HASSLACH

BURGKUNSTADT

VIERZEHNHEILIGEN

WÜRZBURG

BURGWINDHEIM

BAMBERG

GÖSSWEINSTEIN

IPHOFEN

WALLDÜRN

NÜRNBERG

MÖNIG

HEILTUMS-WALLFAHRTEN
GROSSE WALLFAHRTEN

EICHSTÄTT

BETTBRUNN

Der Gnadenaltar

Der Gnadenaltar in Vierzehnheiligen wird mit Recht das dekorativste und kühnste Werk J. J. M. Küchels genannt, dem wir schon in Gößweinstein begegnet sind. Für diese Kirche aber bedeutet es viel mehr. Was hier mit leichter Hand mitten in den Raum gezaubert wurde, läßt Zweifel an den Erscheinungen des armen Hirten vergessen. Die Wessobrunner Meister Feuchtmayr und Übelher haben Küchels Idee so glänzend verwirklicht, daß wir bereit sind, sie als Wunder zu bestaunen.

Über einer Handvoll Erde, auf der einst die Erscheinungen stattfanden, erhebt sich ein Rokokobaldachin, der nach vier Seiten ausschwingt und unter sich einen Zugang zu dem glasbedeckten Ackerboden freiläßt. Auf Konsolen und Voluten sind die 14 Heiligen mit ihren oben beschriebenen Attributen verteilt. Bekrönt wird diese dekorative Architektur durch das Jesuskind, vierfach nach den vier Seiten, in der Form der Erscheinung mit dem roten Kreuz auf der Brust.

Wenn man voraussetzt, daß dieser Altar von vornherein in Neumanns Plan miteinbezogen sein mußte, dann versteht man, wenn gesagt wird, daß in keinem anderen Werk Neumanns das Zusammenspiel von »Raumschale« und »Binnenform« in solcher Vollendung gelungen ist wie in Vierzehnheiligen. Um das ganz zu erfassen, sollte man hinten beim Hauptportal stehenbleiben und den Gesamtraum auf sich wirken lassen. Man wird kaum ein Fenster, eine Lichtquelle oder sonst etwas entdecken, das die geschlossene Einheit dieses Raumgebildes stört. Unten dunklere Farbigkeit, die nach oben immer lichter wird, führt hinauf zum Himmel in den Deckengemälden der Kuppeln. Dort ist durch die Hilfe der Nothelfer der Himmel für all jene offen, die sich gläubig um deren Fürsprache bemüht haben.

In Vierzehnheiligen ist das Mutterhaus der Franziskusschwestern, zugleich ein religiöses Zentrum des Erzbistums Bamberg mit einem der größten Exerzitienhäuser der Bundesrepublik.

Die Kirche selbst und ihr Hochaltar sind der Himmelfahrt Mariens geweiht.

Über Hochhausen steht ein Bildstock von 1818, der von sich behauptet, das »wahrhafte« Abbild des Gnadenbildes von Gößweinstein zu sein, wobei das »wahrhafte« Bild wohl eine Krönung Mariens darstellt, aber in keiner Weise als Kopie des Gößweinsteiner gelten kann.

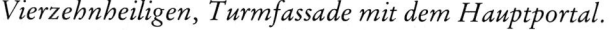

Vierzehnheiligen, Turmfassade mit dem Hauptportal.

Die Ausstrahlung von Vierzehnheiligen

Neben den schon genannten 400 Bildstöcken, Heiligenhäuschen, Altären (Gnadenberg, Oberschwappach usw.) und Kapellen gibt es in Franken weitere kleinere Wallfahrtsorte, die ihren Ursprung Vierzehnheiligen verdanken.

Gehilfersberg

Der Gehilfersberg ist heute ein Ortsteil von Rasdorf (Eichsfeld). Die jetzige Kirche stammt aus der Amtszeit des Fuldaer Fürstabts Schenk von Schweinsberg zwischen 1623 und 1632. Hier oben stand aber schon vorher eine Kapelle. Gleich nach dem Kirchenneubau blühte die Nothelfer-Wallfahrt auf. Einen gewissen Höhepunkt erreichte sie, als Kardinal Bernhard Gustav Markgraf von Baden-Durlach und zugleich Fürstabt von Fulda zur Erfüllung eines Gelübdes auf den Berg kam. Seit etwa dieser Zeit zog alle Jahre am Fest der heiligen Anna eine Wallfahrt von Fulda auf den Gehilfersberg. Sie war so gut besucht, daß es eine gedruckte Gebetsordnung gab, wie z. B. auch von Würzburg nach Walldürn. Die Jesuiten betreuten damals die Wallfahrt bis zum Verbot dieses Ordens. Heute noch ist der »Hülfensberg« nicht nur der Zufluchtsort der näheren Umgebung. Mit der Übernahme der Wallfahrt durch die Franziskaner 1860 begann eine neue Blüte. Daß der »Gehülfensberg« – wie er ebenfalls genannt wird – auch heute noch beliebt ist, zeigt seine Ausstattung. Auf den Berg hinauf führen zwei Wallfahrtswege, ein Kreuzweg und der längere, zum Teil befahrbare, der mit kürzlich restaurierten Bildstöcken markiert ist. Auf jedem Bildstock sind zwei der 14 Heiligen dargestellt. Hauptwallfahrtstage gibt es rund zehn, aber auch sonst wird man stets Beter auf dem Berg antreffen.

Die Kirche, die vor der heutigen auf diesem Platz stand, war wohl dem Heiligen Kreuz geweiht. Der Hochaltar ist zweigeteilt: unten ein altes Kruzifix mit zwei Reliquienbehältern im Rücken und darüber das Nothelferbild, aber mit nur sieben Heiligen. Die restlichen sieben sind um das alte Kreuz gruppiert.

Dieses Kreuz hat eine lange Geschichte. Es soll aus dem 12. Jahrhundert stammen, wurde dann im 18. Jahrhundert als Wilgefortis verehrt und zugleich bekleidet. Seit dem Ende des 19. Jahrhunderts ist es aber wieder der unbekleidete Christus am Kreuz. Es gilt als Gnadenbild (siehe auch Seite 19).

Großenlüder

Auf dem Langenberg bei Großenlüder steht seit 1682 eine »Wallfahrtskapelle zu den heiligen Vierzehn Nothelfern«. Das Bild auf dem Altar stammt aus dem Jahre 1817.

Haßlach

Auf dem Luckenberg nahe Haßlach – gerade noch zum Erzbistum Bamberg gehörend – steht eine Nothelferkirche, die eine wechselvolle Geschichte hinter sich hat. Gründer soll der heilige Otto gewesen sein. Er hat die Kapelle 1124 der Gottesmutter und den 14 Heiligen geweiht. Vernichtung des Dorfes, Verfall und schließlich ein Brand waren die Stationen, bis um 1670 die Wallfahrt wieder florierte. Das Hochaltarbild zeigt die 14 Heiligen, eigentümlicherweise auf einem Baum sitzend, so wie man den Stammbaum Jesse gemalt sieht. Die Kirche gehörte lange Zeit zum Kloster Langheim.

Kleinheiligkreuz

In der Wallfahrtskirche Kleinheiligkreuz wurden auch die 14 Nothelfer verehrt, heute hängt jedoch das Bild in der Pfarrkirche von Bad Salzschlirf.

Malkes

Die alte Kirche von Malkes besitzt gleich zwei Nothelferbilder, eines am Hochaltar, das andere am Seitenaltar. Bei dem Gemälde des Hochaltars, das wohl aus dem 17. Jahrhundert stammt, ist die Gottesmutter mit dem Kind der Mittelpunkt. Die ältere, geschnitzte Seitenaltarplastik, 16. Jahrhundert, zeigt statt des heiligen Blasius den heiligen Jakob, ein Tausch, der auch sonst öfters vorkommt.

Möning

Neben der Marienkapelle auf dem Möningerberg aus dem 15. Jahrhundert wurde vom heiligen Johannes von Kapistran 1452 ein Franziskanerkloster gegründet. Die Kapelle wurde Ziel von Nürnberger Wallfahrern. Die Reformation vernichtete alles. Erst Ende des 18. Jahrhunderts entstand auf den Trümmern des Klosters eine Kapelle mit einem Vierzehn-Nothelfer-Altar. 1884 wurde eine neue, diesem Heiligen gewidmete Kirche eingeweiht.

✳

Wie in Malkes gibt es auch sonst öfter einen Heiligentausch, meist wird der ursprüngliche Kirchenpatron anstelle eines der 14 Heiligen genommen. So wurde in Wattenbach bei Amorbach 1429 in der Sebastianskirche ein Altar zu Ehren Mariens und der 14 Nothelfer eingeweiht. Die Heiligen sind aber: Barbara, Drei Könige, Erasmus, Fabian, Gertrud, Katharina, Mamertus, Ottilia, Sebastian, Sigismund, Theobald und Walburga. Mit Walburga war erstmals eine fränkische Heilige dabei. Auch die gleichzeitige Weihe an die Gottesmutter kommt wiederholt vor. Meist bildet sie dann mit ihrem Sohn den Mittelpunkt. Schließlich ist diese Möglichkeit schon von Vierzehnheiligen vorgezeichnet, dessen

Hochaltar auch Maria geweiht ist. Heinrich Mehl nennt in seinem Buch »Fränkische Bildstöcke in Rhön und Grabfeld« den »Kinderkranz« (die 14 Heiligen als Kinder dargestellt) eines der populärsten Bilder in diesem Gebiet. Er fährt dann wörtlich fort: »Dichte und Standorte dieser Denkmäler fallen mit dem Verlauf der großen Pilgerstraßen zusammen, die durch Franken auf die strahlende Gnadenkirche des Balthasar Neumann und das betreuende Kloster Langheim zulaufen.«

Ein alter Gebetszettel mit der letzten Erscheinung, darunter die Wallfahrtskirche.

Blutwallfahrt nach Walldürn

An der Bundesstraße 27 liegt etwa in der Mitte zwischen den Kreisstädten Tauberbischofsheim und Buchen Walldürn im Odenwald. Auch von Miltenberg am Main führt eine Nebenstraße zum Wallfahrtsort.

Die Legende erzählt, um 1330 habe der Priester Heinrich Otto den Inhalt des Kelches während der Messe unvorsichtigerweise auf das Korporale verschüttet. Der Wein habe sich auf dem Tuch in Blut verwandelt und bildete auf dem Tüchlein ein Kruzifix und zugleich kleine Rinnsale, die in je einer Art Veronikabild endeten. Der erschrockene Geistliche habe das Tuch ängstlich im Altar versteckt, wo man es erst nach seinem Tod fand. Auf dem Sterbebett habe er das Geheimnis verraten.

Das Tuch wurde Anlaß zu der 1408 entstandenen Wallfahrt zum Heiligen Blut und zugleich zum Gnadenbild.

Das Gnadenbild

An den großen Wallfahrtstagen werden von dem von einem Säulenbaldachin aus Alabaster überwölbten Heilig-Blut-Altar, einem Werk des Zacharias Juncker, die Flügel geöffnet. Sie bestehen aus Tafelbildern, auf denen die Geschichte der Wallfahrt dargestellt ist. Hinter einer weiteren Tür, dem Werk Augsburger Silberschmiede aus dem Jahre 1684, wird ein vergilbtes Leinentüchlein von der Größe einer Serviette sichtbar, ein Korporale, wie es heute noch in ähnlicher Form bei der Messe als Unterlage für Kelch und Hostie verwendet wird. Auf diesem Tuch erkennt man im Licht ultravioletter Strahlen einen Christus am Kreuz und Rinnsale. Der päpstliche Bericht, der erschien, nachdem 1445 das Tuch nach Rom gebracht worden war, nennt das Christusbild und bezeichnet die Christusköpfe rundum als »einige Veronikas«.

Alle Wiedergaben Walldürner Wallfahrtsbilder zeigen diese Rinnsale, die von dem Kreuz ausgehen und in Christusköpfen enden.

1920 hat man hinter dem alten Korporale ein weißes leinernes Schutztuch befestigt. Als im März 1950 dann nach 30 Jahren dieses Schutztuch mit einer Quarzlampe untersucht wurde, zeigte sich auf ihm das Christusbild. Man führt dies auf unterschiedlichen Lichteinfall zurück, verursacht durch den auf dem Korporale vertrockneten Wein.

Wenn der Schrein geschlossen ist, gehen die Einzelpilger durch einen schmalen Gang auf der Rückseite des Altars, wo das Tuch durch ein Gitter zu sehen ist.

Oberhalb des Hochaltares hängen zwei große Gemälde, von denen das eine die Verschüttung des Kelches durch Otto zeigt und das andere die Walldürner Deputation vor dem Papst.

Entwicklung der Wallfahrt

Die Wallfahrt muß sich rasch entwickelt haben, denn schon um 1500 mußte aufgrund des Andrangs die Kirche erweitert werden. Bauernkrieg und Reformation brachten die Pilgerfahrten nahezu zum Erliegen. Die Gegenreformation führte aber danach rasch ungeahnte Scharen von Wallfahrern nach Walldürn, deren Zahl sich nach dem Dreißigjährigen Krieg weiter steigerte. Seit 1600 bis heute führt jährlich eine eigene Würzburger Bruderschaft diese Wallfahrt durch (ähnlich der zum Kreuzberg in der Rhön). Sie wurde als Marienbruderschaft von den Jesuiten betreut, die gleichzeitig die Wunder und Gebetserhörungen getreulich verzeichneten. Walldürn stand unter der Jurisdiktion des Hochstifts Würzburg.

Der Mergentheimer Wallfahrtsverein dürfte ebenso alt sein und führt trotz anfänglicher bischöflicher Verbote unter Julius Echter immer noch die Wallfahrt durch. Der Verein zählt heute rund 400 Mitglieder.

Um 1700 kamen jährlich 120000 Pilger. Eine eigene »Blutkapelle« wurde errichtet. Kurze Zeit später schon baute Dientzenhofer die neue, heutige Kirche.

Die Säkularisation unterdrückte dann die Wallfahrt für viele Jahre. In unserem Jahrhundert blühte sie erneut auf. Zu den alten großen Wallfahrtszügen aus den Räumen Baden, Elsaß, Franken, Fulda, Hohenlohe, Mainz (Schiffswallfahrt), Pfalz usw. sind die Flüchtlings-Wallfahrten hinzugekommen. Selbst die alte Fußwallfahrt aus Köln hat neue Impulse bekommen. Sie geht von der Pfarrkirche Porz-Urbach aus, wo die Bruderschaft 1962 ihr Jubiläum feiern konnte.

1934 wurde in Fulda eine neue Blutsbruderschaft gegründet.

Bei der Feierstunde wurde ein Pilgerstab weitergereicht und damit einer Tradition entsprochen. Der Stab gehörte dem alten Eichsfelder Pilgerführer, der jahrzehntelang die Pilgerzüge führte und diesen Stab von seinem Vorgänger übernommen hatte. In Walldürn ist es heute üblich, den Pilgerführern zu ihrem 25. Jubiläum einen Pilgerstab zu verleihen.

Einer der Höhepunkte der heutigen Wallfahrt, für die oft moderne Verkehrsmittel gewählt werden, bildet dann die abendliche Lichterprozession, die von Lourdes im letzten Jahrhundert ausgehend an vielen Gnadenorten Brauch wurde.

1978 stand Dientzenhofers Wallfahrtskirche 250 Jahre. Dieses Ereignis wurde durch Sternwallfahrten und den Besuch kirchlicher und weltlicher Prominenz gefeiert.

Wie bei der Wallfahrt nach Vierzehnheiligen und Gößweinstein findet man auch für Walldürn im weiten Umkreis Bildstöcke, die sowohl Wallfahrtswege kennzeichnen wie auch als Gelübde-Erfüllung erstellt wurden. Die Eigenart der Darstellung bedarf keiner beson-

deren inschriftlichen Bestätigung, daß Walldürn gemeint ist, obwohl oft ausdrücklich auf das Heilige Blut in Walldürn hingewiesen wird.

Die Zeiten überdauert

Man wird sich heute fragen, warum von den früher beliebten Blutwallfahrten, wie nach Iphofen, Burgwindheim und Creglingen und den vielen anderen in ganz Deutschland, eigentlich nur Walldürn übriggeblieben ist, ja neue Impulse erhalten hat. Die anderen behielten bestenfalls lokale Bedeutung. Man hätte von Walldürn das gleiche Schicksal erwarten sollen wie von all den Stätten, an denen Reliquien verehrt wurden. Sie alle lebten von einer Legende, aber nicht von einem Bild. Es gab nicht viel zu sehen. Sie haben in den barocken Jahrhunderten zu wenig Optisches geboten, um sich einen größeren Verehrerkreis zu erhalten.

Sicher wäre es Walldürn ähnlich ergangen, aber dieser Wallfahrtsort erhielt durch Magister Jodocus Hoffius Ende des 16. Jahrhunderts ein Kultbild, nämlich die bildliche Darstellung des Korporale, wobei von Hoffius zugleich die elf Köpfe festgelegt wurden. Dieses Bild fand rasche und vielfältige Verbreitung. Man kann sagen, Hoffius hat aus einer Reliquie ein Gnadenbild werden lassen. Mit dazu beigetragen hat sicher sein 1589 erschienenes Wallfahrtsbüchlein »De sacre Waltdürensis peregrinationis ortu et progressu«, dessen Titelblatt die erwähnte Darstellung zierte.

Es gibt nur wenige Wallfahrtsorte, deren Gnadenbild so viele Gebetszettel im 17. und 18. Jahrhundert zu immer neuen Variationen des Motivs anregte wie das Walldürner Blutmirakel. Selbst die so beliebte Vierzehn-Heiligen-Darstellung hat diesen Umfang kaum erreicht. Nicht immer hielten sich die Holzschneider und Radierer getreu ans Original, aber doch an das

Der Heilig-Blut-Altar in der Wallfahrtsbasilika in Walldürn.

*Überall in den Kirchen Frankens stehen die Vortrage-
kreuze und -bilder, die auf bestimmte, alljährlich gemeinsam besuchte Wallfahrtsorte verweisen. Sehr häufig trifft man Kombinationen von zwei Wallfahrten,
wie hier rechts, nach Walldürn und Vierzehnheiligen,
wobei diese Vortragebilder in Oberschwappach erst*

*gegen Ende des letzten Jahrhunderts entstanden sein
können.*
*Links das interessante Vortragekreuz aus der Blutka-
pelle in Iphofen: ein doppelseitiges Kruzifix. Zwischen
den beiden Christuskörpern befindet sich das Blutbild
aus Blech.*

HEILIG-BLUT-BILDSTÖCKE

Während man das Vierzehn-Heiligen-Motiv auf Bildstöcken ebenso noch in der Gegend von Walldürn antreffen kann, wie die Krönung Mariens von Gößweinstein, ist das Blutbild im Bamberger Raum selten. Walldürn strahlte in andere Richtungen (Fulda, Köln und nach Süden).

Obere Reihe: Ein Blutbild unter einem Baldachin, von Engeln und Seraphim bewacht, inmitten des Ortes Oberlauda.

Ein doppelseitiger Bildstock (auf der Rückseite Kilian, Kolonat und Totnan) von 1720 am Ortsausgang von Opferbaum.

Ein Traubenstock hinter der Kirche in Werbach. Drei Engel halten das Korporale. Ohne Jahreszahl, aber mit Steinmetzzeichen.

Untere Reihe: An der Friedhofskapelle von Ballenberg stehen gleich zwei Walldürner Bildstöcke nebeneinander. Der eine (abgebildet) stammt aus dem Jahre 1712 und der andere von 1770 (?).

In Dittwar ist das Korporale, das wiederum ein Engel hält, mit Schleifchen verziert. Zwei Engel mit den Leidenswerkzeugen begleiten es. heute auf einem Achteckpfeilerstumpf an der Hauswand befestigt.

Ein interessanter Traubenstock mit den 14 Heiligen und dem Blutbild gemeinsam steht in der Flur von Oberlauda. Die Pieta als Bekrönung, die z. B. auf Dettelbach als dritte Wallfahrt verweisen könnte, ist stark zerstört.

An der Straße nahe Heppdiel steht ein vierseitiger Würfelbildstock von 1732. Hier sieht man das Blutbild und die Pieta.

Schema, das Hoffius festgelegt hatte. So wurden die Darstellungen so sehr zum eigentlichen Wallfahrtsbild, daß die Berichte über die eingangs erwähnten Untersuchungen mit Quarzlampen und deren erstaunliche, positive Ergebnisse die Pilger in keiner Weise beeindruckten.

Jede Art der Bestätigung hält die Mehrzahl der Pilger entweder für selbstverständlich oder belanglos.

Die *Darstellung* des Korporale ist inzwischen so sehr selbständiges Andachtsbild geworden, daß das Korporale selbst in den Hintergrund getreten ist.

Die Bluttüchlein

Das mag es auch erklären, daß die wunderbare Wirkung der »Bluttüchlein« heute noch genauso geglaubt wird wie vor Jahrhunderten. Die Bluttüchlein, früher auch »Heilig-Blut-Seide« genannt, sind auf Stoff – heute meist Kunstseide – gedruckte Darstellungen des Korporale. Nach altem Brauch werden diese Tücher mit dem Original berührt.

Nach einem Bericht aus dem Jahr 1941 wurde einem Soldaten durch dieses Tuch des Leben gerettet. Man hat dieser Heilig-Blut-Seide immer schon Schutz- und Heilfunktionen nachgerühmt. Das Auflegen, vor allem bei inneren Krankheiten, war und ist besonders beliebt. Noch in unseren Tagen wird darüber berichtet.

Übrigens gibt es wenige Wallfahrtsorte, deren Geschichte, Entwicklung, Bedeutung und Brauchtum so genau untersucht und festgehalten wurden wie die von Walldürn durch die hervorragende Arbeit von Wolfgang Brückner.

Die Wallfahrtskirche

Dientzenhofer hat bei der Planung seines barocken Gotteshauses, das erst 1728 endgültig fertiggestellt war, die alte gotische Kirche als Querhaus benützt, so daß nun der Wallfahrtsaltar im linken Flügel steht. Lohmeyer nannte diesen unter dem Würzburger Fürstbischof Lothar Franz von Schönborn 1698 begonnenen Bau einmal »das bedeutendste kirchliche Werk der rheinisch-fränkischen Lande«. Bei aller Würdigung der Leistung Dientzenhofers fällt es schwer, sich diesem Urteil anzuschließen. Das Jahr der Einweihung, 1728, war zugleich ein Höhepunkt der Wallfahrt.

Ein Hinterglasbild aus Niederbayern zeigt das Blutwunder von Walldürn.

Aber auch diese für den kleinen Ort unverhältnismäßig große Kirche wurde in unserem Jahrhundert zu klein, so daß vor einigen Jahren neben der Kirche – an der Stelle des früheren Friedhofs – ein Platz angelegt wurde, der einer Arena ähnelt. Die Mitte bildet ein überdachter Altar. Dahinter steht, etwas erhöht, ein großes Sandsteinrelief mit dem Gnadenbild, wie es in ähnlicher Form auch viele Bildstöcke zeigen.

Auf der tribünenartigen Anlage haben 20000 Pilger Platz. Hunderttausende wallen alljährlich zur Wallfahrtszeit nach Walldürn. Sie ist, beginnend am ersten Sonntag nach Pfingsten, auf vier Wochen beschränkt. Während dieser Zeit wird der Schrein geöffnet.

Immer noch ist die Wallfahrt zum Heiligen Blut eine Verehrung Christi in seinem Leid, wobei man sich all der Gelegenheiten der Passion erinnert, bei denen Christi Blut zur Erlösung der Menschheit geflossen ist. So erinnert auch das Thema der Kirchenausstattung an die blutigen Leiden Christi und deren sakramentalen Nachvollzug in der heiligen Messe. Es ist das Grundmotiv dieser Wallfahrt, und es bestimmt auch die Rastplätze der Wallfahrtswege.

Die neue große Anlage hinter der Walldürner Wallfahrtskirche.

Weitere Heilig-Blut-Wallfahrten in Franken

Heilig-Blut-Wallfahrten können verschiedener Herkunft sein: Weinverschüttung, Hostienverletzung, Hostienfund, Hostienfrevel. Hostienfund, etwa im Acker, kann aber auch zum »Heiligen Grab« werden.

Bettbrunn: Die Wallfahrt zu St. Salvator gilt wohl als die älteste, die auf einen Hostienfund zurückgeht.

Burgkunstadt: Zu den heiligen fünf Wunden. Zwischen Burgkunstadt und Maineck steht die einfache »Fünf-Wunden-Kapelle«. Die Tradition erzählt von einer Vorgängerkapelle. Der Rest von deren Altarstein sei heute Sitzbank in der Nähe der Kapelle geworden. Glaubwürdig wird dieser Bericht durch zwei Bildstöcke aus dem Jahre 1518, die am Weg nach Burgkunstadt standen: ein Kreuzschlepper und eine Kreuzigung. Sie sollen Teil eines Leidensweges gewesen sein. Die heute nur noch örtlich besuchte Kapelle wurde 1666 zu Ehren der »sieben (!) schmerzhaften blutfließenden Wunden Christi« geweiht und 1715 vergrößert.

Burgwindheim: Draußen am Friedhof in Burgwindheim liegt die »Heilig-Blut-Kapelle«. Nicht weit unterhalb der Kapelle steht ein Brunnen. Der Ursprung dieser Wallfahrt wird einem Hostienmirakel zugeschrieben. 1465 fällt angeblich bei der Fronleichnamsprozession eine Hostie aus der Monstranz und ist nicht mehr von der Stelle zu bringen. Eine Prozession, die von Abt Burkard II. des benachbarten Ebrach geführt wird, bringt sie dann in die Pfarrkirche zurück. An der Stelle des Hostienfundes wird eine Kapelle errichtet. Auf den Deckengemälden der heutigen Pfarrkirche ist die Ursprungslegende dargestellt: das Herausfallen der Hostie, feierliche Einholung durch den Zisterzienserabt von Ebrach und die Entstehung der Quelle. Sie ist im Jahre 1625 entsprungen; heute wölbt sich über ihr ein großer Quelltempel. Von der Wunderwirkung der Quelle gibt es viele alte Berichte. Die Entdeckung der Quelle brachte einen erneuten Aufschwung der Wallfahrt. Wie alle Wallfahrten litt sie eine Zeitlang unter den Nachwirkungen der Säkularisation und dem Wallfahrtsverbot, aber heute kommen wie eh und je die Pilger – besonders an den beiden Haupttagen, den zwei Sonntagen, die dem Fest Fronleichnam folgen. Einzugsgebiet: Steigerwald (Volkach).

Iphofen: Zum Heiligen Blut. Auf dem Lindenplatz in Iphofen steht die Heilig-Blut-Kapelle, eigentlich eine der im Mittelalter häufigen Heilig-Grab-Kirchen. Eine abenteuerliche Geschichte erzählt die Legende vom Ursprung der Wallfahrt: das bekannte Judenmotiv, wobei in diesem Fall eine Hostie durchstochen wurde, aus der dann Blut floß. Nur gibt es hier einen zweiten Missetäter, einen Christen, der die konsekrierte Hostie gegen Bezahlung lieferte.

Fest steht, daß diese Kirche ab 1363 für die nächsten 300 Jahre Pfarrkirche war. Julius Echter hat sie 1605 nochmal gründlich restaurieren und vergrößern lassen. Die Kirche besitzt heute noch vier Altäre (von einem wurde vor kurzem ein Werk aus dem Riemenschneider-Umkreis gestohlen). In der Mitte der Kirche befindet sich eine Art Sarkophag. Es soll die Stelle sein, an der die durchstochene Hostie gefunden wurde. Auf dem Aufbau steht ein Christus, der seine Wunden zeigt. Rund um diesen Sarkophag sieht man in Medaillons die Legende dargestellt. Die im Mittelalter sehr besuchte Wallfahrt lag bis zu Beginn des 18. Jahrhunderts darnieder. Erst dann erfuhr sie einen neuen Aufschwung. Interessant sind in dieser Kirche zwei Gegenstände: An der Empore hängt ein Bild, das eine Wundererscheinung von Vierzehnheiligen wiedergibt. Ein Vortragekreuz zeigt auf bemaltem und ausgestanztem Blech das Walldürner Wallfahrtsbild.

Wallfahrtsland Franken – eine Hoffnung

Mit Kirchen, Bildern, Wallfahrtswegen, Bildstöcken und Heiligenhäuschen, immer im Bezug auf die vielen alten und neuen, blühenden und fast erloschenen Wallfahrten, wurde versucht, eine besonders charakteristische Seite Frankens aufzuzeigen. Zugleich berechtigt eine solche Überschau zu einer Hoffnung, die sich auf die Gläubigkeit dieses Landes gründet.

Das Schicksal der Hochkulturen ist untrennbar mit dem der Religionen verbunden, das wissen wir nicht erst seit Arnold Joseph Toynbee, der in diesem Zusammenhang 21 Hochkulturen untersucht hat. Seine Schlußfolgerung allerdings, der Wunsch nach einer Weltreligion, wird er wohl, und vielleicht Gott sei Dank, nie erfüllt bekommen. Zumindest seit seiner Veröffentlichung »Der Gang der Weltgeschichte« (deutsche Kurzfassung der zwölf englischen Bände) ist der Streit um diese Frage nie verstummt: Steht uns der Untergang bevor, befinden wir uns mitten in einem Zerfall? Haben wir unseren Zenit so weit überschritten, daß von der Religion nur noch eine Art Philosophie übrigblieb, die niemand mehr wirklich bewegt, sondern nur noch kühle, schöngeistige Diskussionen auszulösen vermag? Manches spricht zweifellos dafür. Fehlt uns die schlichte Gläubigkeit der Beter?

Die Kunst war zu allen Zeiten Ausdruck der Weltanschauung, der Religion, der Gläubigkeit. Sie entsteht gewiß nicht im leeren Raum, sie kann auch niemals Ausdruck einer Philosophie werden. Zweifellos kann Kunst nur in einer religiösen – im weitesten Sinne – Gesellschaft entstehen, die sie trägt. Haben wir diese Gesellschaft noch? Wirken die großen Meister, die auch in unserem Jahrhundert religiöse Kunst geschaffen haben, aus einer Gemeinschaft heraus, die ihr Fundament ist, oder reizten sie einfach religiöse Themen wie jedes andere profane auch? Schufen sie aus einer Gläubigkeit oder entspringen diese Bilder verstandesmäßigen Überlegungen? Wie viele dieser Werke könnte man sich in einer Kirche denken?

Der heutige Künstler setzt sich mit einem religiösen Thema auseinander, er schafft aber selten (wie vielleicht noch Rouault oder Caspar) aus der Tiefe seines Glaubens, kaum aus einer Frömmigkeit und gewiß nicht aus einer gläubigen Gesellschaft. Wenn unser Glaube zu kritisch ist und unsere Frömmigkeit spirituell oder in der Liturgie steckenbleibt, dürfen wir auch von Künstlern nichts anderes erwarten. Nun müssen Verehrungsbilder keineswegs bekannte Kunstwerke sein. Auch große Künstlernamen sind selten mit ihnen verbunden. Sie können aber nur dann entstehen, wenn sie der Glaube trägt. Reinhold Schneider schrieb: »Der Denker darf ebensowenig wie der Künstler von der gläubigen Gemeinde alleingelassen werden.« Christliche Kunst erwächst nur aus dem Glauben, und nicht einmal der genügt. Es bedarf einer bildhaften Frömmigkeit, denn ein gut Teil, der beste, läßt sich eben nur in Bildern ausdrücken und nicht durch abstrakte Begriffe. Gott ist nur aus dem Glauben faßbar und nicht aus dem Verstand.«

Diese bildhafte Frömmigkeit dokumentiert sich heute wie eh und je an fränkischen Wallfahrtsstätten und im Wallfahrtsbrauch, und wie sich gezeigt hat, in ganz Franken.

Entspringt ihre neue Anziehungskraft einer Gesellschaft, die sich wieder auf ihren Glauben besinnt? Es wäre eine Hoffnung für unser Fortbestehen, ein Wiederbesinnen auf die Kräfte, die im gläubigen Gebet schlummern. Manifestiert sich eine solche Gläubigkeit wieder im Zulauf zu unseren Wallfahrtsstätten?

Inhalt

o = Abbildung